Goldmann Sachbuch

Robert K. Moffett

Wunder und Rätsel der Pyramiden

Die geheimen Kräfte
der alten Ägypter neu entdeckt

Deutsche Erstveröffentlichung

Wilhelm Goldmann Verlag

Titel der Originalausgabe:
Secrets of the pyramids revealed
Originalverlag: Grosset & Dunlap, New York
Aus dem Amerikanischen übertragen
von Martin Schulte

Bildnachweis:
Alle Photos Archiv Philipp Vandenberg

1. Auflage Juni 1978 · 1.– 8. Tsd.
2. Auflage November 1978 · 9.–14. Tsd.

Made in Germany 1978

Umschlagentwurf: Creativ Shop, A. + A. Bachmann, München
Umschlagillustration: Atelier Schreier, München
Satz: IBV Lichtsatz KG, Berlin
Druck: Presse-Druck Augsburg
Verlagsnummer: 11192 · Schulte/Richter/Papenbrok
ISBN 3-442-11192-7

Inhalt

Einleitung

Kannten die Erbauer der Pyramiden das Geheimnis einer universalen Energie? Für viele Amerikaner ist diese Frage von brennendem Interesse, seit aufsehenerregende Berichte in Fernsehen und Magazinen behaupten, daß andere Länder sich dieses alten Wissens zu ihrem Vorteil bedienen.

Das aktuelle Interesse an den Pyramiden wurde 1970 durch die Publikation von *Psychic Discoveries Behind the Iron Curtain* (Parapsychologische Forschungen hinter dem Eisernen Vorhang) ausgelöst, eines Buches, das die in Osteuropa betriebene intensive Forschung auf dem Gebiet der Parapsychologie enthüllte. Die Autoren, Susan Ostrander und Linn Schroeder, befaßten sich darin mit der Arbeit des tschechischen Funkingenieurs Karl Drbal über Energien, die nach seiner Ansicht durch Pyramiden erzeugt bzw. verstärkt werden.

Obwohl die Erforschung psychischer Phänomene in den USA keinen offiziellen Charakter hat wie in den Ostblockstaaten, gibt es auch bei uns viele Parallelen. Eine wachsende Zahl anerkannter Wissenschaftler befaßt sich mit den Problemen der Telepathie, des Hellsehens, der Präkognition, der psychischen Heilkräfte, der Psychokinese – der Fähigkeit, materielle Vorgänge allein durch den menschlichen Geist zu beeinflussen, wie das der Israeli Uri Geller und andere demonstriert haben.

Drbals Werk bildet eine bemerkenswerte Ausnahme. Nicht nur wegen der Tatsache, daß kein wissenschaftliches Institut im Westen die angeblichen besonderen Eigenschaften der Pyramiden bisher untersucht hat, das ganze Thema scheint von einer Mauer offiziellen Schweigens umgeben zu sein. Dennoch hat gerade dieses Thema, vielleicht mehr als alle anderen in *Psychic Discoveries* zur Diskussion gestellten, das Interesse der Amerikaner geweckt.

Warum? Die wachsende Anerkennung der Realität psychischer Kräfte durch angesehene wissenschaftliche Kreise hat den Durchschnittsmenschen bisher wenig berührt, denn diese geheimnisvollen Talente sind offenbar von der Natur nur wenigen unter uns verliehen worden, aber das, was die Pyramide anzubieten scheint, ist das Äquivalent einer mechanischen Vorrichtung, die es jedermann ermöglicht, diese Kräfte sichtbar zu machen.

Doch es gibt noch einen anderen, weniger handgreiflichen Anreiz für dieses Interesse. Das völlige Fehlen aktiver wissenschaftlicher Forschung hat eine Lücke entstehen lassen, die jetzt Laien auszufüllen versuchen, indem sie selbst Forscher werden. Das ist ein unter den Bedingungen moderner Wissenschaft einmaliger Vorgang. Aber alle Voraussetzungen dafür sind vorhanden.

Da es sich hier um einen Grenzbereich des Wissens handelt, sind so gut wie keine Hintergrunddaten zu beachten, und daher besteht auch nicht die Notwendigkeit eines jahrelangen Studiums, das in den Naturwissenschaften unerläßlich ist. Und auch die für die moderne Forschung charakteristischen hohen Materialkosten entfallen. Das wesentliche Ausrüstungsstück ist die Pyramide selbst. Wichtig ist nur, daß es ein maßstabgerechtes Modell der Großen Pyramide von Gisch ist; Größe und Konstruktionsmaterial spielen keine Rolle. Zurechtgeschnittene Pappschachteln aus dem Supermarkt tun dieselben Dienste wie Platinstäbe, wenn sie nur richtig montiert sind. Und da Pflanzen ideale Untersuchungsobjekte sind, wird der Standard-Samenkatalog Sie mit allem sonst Nötigen versorgen.

Hier hat wohl zum erstenmal seit den Arbeiten der Curies über radioaktive Strahlen der Mensch als Individuum – nicht als Teil eines großen Teams – die Macht, in das Unbekannte vorzustoßen, ein unabhängiger Pionier in einem Zeitalter der Anonymität!

Was war der Grund für die Welle der Begeisterung, die Drbals

Werk auslöste? Ende der vierziger Jahre war der tschechische Ingenieur auf eine obskure Schrift mit dem Titel *On the Radiations of All Properties* (Über Strahlungen jeglicher Beschaffenheit) gestoßen, die ein Franzose namens Antoine Bovis veröffentlicht hatte. Sie inspirierte ihn zu seiner Arbeit.

Bei einer Ägyptenreise hatte Bovis die übliche Wallfahrt zu den Pyramiden von Giseh gemacht, von Kairo aus den Nil hinauf. In der Großen Pyramide, der größten dieser Gruppe, machte er eine interessante Entdeckung. Ratten, Mäuse und Katzen, die sich in der Pyramide verirrt hatten und verendet waren, waren in Mülleimer geworfen worden, und zwar in dem Raum, den man als Königskammer zu bezeichnen pflegt; Bovis fiel auf, daß die Kadaver trotz ihres hohen Feuchtigkeitsgehaltes nicht verwest, sondern mumifiziert waren.

Die Assoziation Pyramiden-Mumifizierung brachte den Franzosen auf die Vermutung, daß es sich hier nicht um einen Zufall handelte. Nach seiner Rückkehr nach Frankreich baute er ein etwa 70 cm hohes Modell der Pyramide, das er wie das Original in einer nordsüdlichen Achse ausrichtete. In dieses Modell legte er eine tote Katze, und zwar etwa an die Stelle, wo sich im Original die Königskammer befand. Der Kadaver trocknete stark aus und zersetzte sich nur wenig.

Bovis' Neugier war jetzt noch stärker geworden. Er begann mit anderen Materialien zu experimentieren. Im Verlauf seiner Untersuchungen kam er zu dem Schluß, daß die Struktur der Pyramide bisher unbekannte Energiefelder nutzbar mache.

Angeregt durch Bovis' Bericht über diese Theorie versuchte Drbal zunächst, die Experimente mit Rasierklingen zu wiederholen, die, wie der Franzose behauptete, durch eine Lagerung in der Pyramide geschärft werden konnten. Drbal hatte Erfolg und erwirkte ein Patent für einen »Cheops-Pyramiden-Rasierklingenschärfer«, der in Osteuropa sehr verbreitet sein soll.

Nicht zufrieden mit dieser pragmatischen Ausbeute, führte Drbal die Experimente von Bovis weiter, um herauszufinden, warum die Pyramide diese Wirkung hatte, auf welchen Gesetzen sie beruhte und welche anderen Anwendungsmöglichkeiten es geben konnte. Seine und Bovis' Entdeckungen brachten ihn zu der Überzeugung, daß alle lebenden Wesen, die Menschen eingeschlossen, von einer biokosmischen Energie beeinflußt werden und daß die Pyramiden diese wie in einem Brennpunkt sammeln. Diese mysteriöse Kraft ist, wie er glaubte, die Ursache aller Phänomene, die man üblicherweise als übersinnlich bezeichnet.

Diese universale Kraft, die »psychotronische Energie«, wie sie in Osteuropa meist bezeichnet wird, ist bei östlichen Philosophen als Realität seit langem anerkannt. Die Theorie hat auch im Westen immer mehr Interesse gefunden, obwohl sie sich in wissenschaftlichen Kreisen nie ganz hat durchsetzen können. Im Laufe der Jahre haben Wissenschaftler dieser Energie die verschiedensten Namen gegeben: Mesmer nannte sie »animaler Magnetismus«, Reichenbach »Od-Kraft«, Blondot »N-Strahlen«, Wilhelm Reich »Orgon«.

Skeptiker, die diese Forschung als unseriöse Spielereien abtun möchten, haben es heute nicht mehr so leicht. Die Namen der Autoritäten und Institutionen, die durch ihre Erklärungen und ihre Arbeiten bekundet haben, daß sie sich ernsthaft mit diesem Thema auseinandersetzen, kann man nicht länger übergehen. Zu ihnen gehören zum Beispiel Dr. Luis Alvarez, der 1968 den Nobelpreis für Physik erhalten hat, und Dr. I. I. Rabi, Preisträger für Nuklearphysik der American Association for the Advancement of Science. (Daß beide Physiker sind, ist – wie wir sehen werden – kein Zufall.) Forschungsprojekte über die Natur dieser Kräfte laufen zur Zeit beim Maimonides Medical Center in Brooklyn und beim Menninger Foundation's Psychophysiological Laboratory in Topeka, Kansas – um nur zwei aus einer ganzen Anzahl angesehener Institute zu nennen.

Die Wirkung dieser Energie auf die Materie steht nach Drbals Meinung zu der Form in Beziehung, die sie fokussiert. Physikalische, chemische und biologische Prozesse werden nach seiner

Theorie durch die Form des Raumes verändert, in dem sie sich vollziehen. Er versucht herauszufinden, welche Formen für welche Prozesse geeignet sind, um diese Energien wirksam kontrollieren zu können. Am besten lassen sich zu diesem Zweck, wie er glaubt, Pyramiden und Kugeln verwenden. Unter anderen Anwendungsmöglichkeiten hält er in diesen Formen gebaute Krankenhäuser für therapeutisch förderlich.

Aber seine Untersuchungen beschränken sich nicht auf Projekte dieser Art. Vermutungen über die Gründe für die konische Form der von Hexen und Zauberern traditionsgemäß getragenen Hüte veranlaßten Drbal zum Beispiel, pyramidenförmige Kopfbedeckungen für einige seiner Testpersonen zu entwerfen. Wie die Träger berichteten, verspürten sie eine von der Hutspitze spiralförmig ausgehende Energie, was Drbal als eine Art Antennenwirkung deutete.

Diese Experimente waren für das große Interesse an Pyramiden ausschlaggebend. Innerhalb von zwei Jahren wurden auf dem Markt bereits die einschlägigen Geräte angeboten. Drbals Lizenzfirma, Toth Pyramid Co. in New York City, verkaufte einen Pyramiden-Rasierklingenschärfer für 3 Dollar 50. G. Patrick Flanagan, Erfinder und ehemaliges Wunderkind auf elektronischem Gebiet, bot von Glendale, Kalifornien, aus im Versandgeschäft über einen Meter große Cheops-Pyramiden-Zelte für 25 Dollar an. Flanagan produzierte auch einen Pyramiden-Energie-Generator, dreißig zweieinhalb Zentimeter hohe Metallpyramiden auf einer Platte montiert.

Nach Angaben von Max Toth sprechen nicht nur Rasierklingen auf die in seinen Pyramiden wirksame Energie an. Auch für die Konservierung von Blumen oder Eiern kann man sie einsetzen. Seine kanadische Agentur empfiehlt sie zur Dehydrierung tropischer Fische als Ausstellungsstücke.

Flanagan behauptet, daß man in seinen Zelten besser meditieren könne und daß man in ihnen erholsamer schlafe. Ohne diese Besonderheit allerdings werblich zu nützen, nennt er als Nebenprodukt der Benutzung seines Zeltes auch eine Steigerung der Sensitivität für sexuelle Stimuli.

Für den Skeptiker sind Toth und Flanagan wegen ihrer kommerziellen Interessen als Quellen suspekt. Aber es stehen heute auch viele Zeugen zur Verfügung, deren Motive man nicht anzweifeln kann.

Die Veteranin der amerikanischen Filmstars Gloria Swanson zum Beispiel hat unter ihrem Bett eine Pyramide, deren Ausstrahlung, wie sie sagt, ihren Körper mit einem prickelnden Gefühl durchströmt. James Coburn, Action-Mann in Film und Fernsehen, benutzt eine Pyramide, um seine Meditationskräfte anzuregen. Er brachte auch Modelle in kleinem Maßstab unter dem Lager seiner trächtigen Katze an, in der Hoffnung, daß sie eine günstige Auswirkung auf die Entwicklung der Jungen haben würden.

Einer der ersten Pyramidenforscher war Eric McLuhan, Sohn des Kommunikations-Theoretikers Marshall McLuhan. Er lehrte kreative Elektronik an der Fanshawe University in Ontario. Drbals Theorien über die Wirkungen der Pyramiden hatten ihn so beeindruckt, daß er eigene Experimente durchführte. McLuhan hat Berichte über seine Forschungsergebnisse vorgelegt, aus denen hervorgeht, daß Fleisch je nach seiner Lage innerhalb der Pyramide schneller oder langsamer dehydriert. Nach seiner Beurteilung bietet für die Lagerung von Lebensmitteln die Anwendung von Pyramidenenergie besonders gute Möglichkeiten.

Schon heute – in einer nach konventionellen Maßstäben erstaunlich kurzen Forschungszeit – liegt in Amerika eine Fülle von Berichten über die Untersuchung der Eigenschaften der Pyramiden vor. Zu welchen Ergebnissen kommen sie? Hier einige der eindrucksvollsten Schlußfolgerungen:

- Pflanzen und pflanzliche Produkte scheinen für die Wirkungen der Pyramidenenergie besonders sensitiv zu sein. Pflanzen keimen und wachsen schneller im Innern von Pyramiden, sie sind gesünder und tragen mehr Früchte. Es gibt auch Berichte darüber, daß Pflanzen sich günstig entwickelten, wenn sie mit Wasser versorgt wurden, das eine Woche oder länger in einer Pyramide gelagert worden war. Auf Zigarren- und Zigarettenaroma soll die Pyramide eine mildernde Wirkung haben, und das Aroma abgestandenen Kaffees soll sich erneuern.

- Flüssigkeiten zeigen eine Vielzahl von Veränderungen. In einer Pyramide gelagertes Wasser soll raschere Bräunung der Haut hervorrufen und eine hervorragende Gesichtslotion sein. Beim Wein, so behaupten einige Forscher, wird das Aroma ebenfalls verbessert. In einer Pyramide aufbewahrte Milch bleibt ohne Kühlung lange Zeit frisch, und wenn sie lange genug der Pyramide ausgesetzt ist, wird sie nicht sauer, sondern setzt sich in Joghurt um.

- Pyramiden sind hervorragende Müllbehälter. Da die Abfälle sich nicht zersetzen, sondern entwässert werden, entfällt das Problem der Geruchsbelästigung.

- Wunden und andere physische Schäden können nach Meinung mancher Forscher besser geheilt werden, wenn der Patient in eine Pyramide gelegt wird. Zahnweh und Verstauchungsschmerzen werden so wirkungsvoll gelindert, wird berichtet.

- Pyramiden scheinen psychische Aktivität zu stimulieren; sie sind eine gute Meditationshilfe und verstärken telepathische Fähigkeiten. Bei nervösen Spannungszuständen, so heißt es, bringen sie Erleichterung.

Die amerikanische Pyramidenenergie-Forschung, die Untersuchung der Eigenschaften der »neuen« Kraft, die Flanagan als »biokosmische Energie« bezeichnet, hat sich besonders auf ihre Wirkung auf Pflanzen konzentriert. Maßgebende Forscher haben die Theorie entwickelt, daß die in Pyramiden fokussierten Energien von Pflanzen in ähnlicher Weise wie Emotionen empfangen werden. Die Vorstellung, daß Pflanzen sensitiv auf die Empfindungen anderer Lebewesen reagieren, ist in den letzten Jahren viel diskutiert worden. Den Anstoß dazu gab 1968 ein

Artikel im *International Journal of Parapsychology*, dessen Autor, Cleve Backster, ehemaliger Polygraphie-Experte beim CIA war.

Backster behauptete, daß er bei der Anwendung seines Lügendetektors emotionale Reaktionen an Pflanzen festgestellt habe, die denen von Menschen verwandt seien. Auf besonderes Interesse stieß seine Behauptung, daß die Pflanzen über telepathische Fähigkeiten verfügten, die sie in die Lage versetzten, die Emotionen anderer Lebewesen sogar auf erhebliche Distanz zu registrieren. Backsters Pflanzen zeigten zum Beispiel die Symptome eines Schocks, wenn Seekrabben durch Eintauchen in kochendes Wasser getötet wurden, auch wenn dieser Vorgang sich in einem anderen Raum abspielte.

Es muß hier erwähnt werden, daß Backsters Entdeckungen in wissenschaftlichen Kreisen als höchst anfechtbar angesehen werden. 1974 gab eine Kommission der amerikanischen Association for the Advancement of Science bekannt, daß trotz zahlreicher Versuche, die in enger Anlehnung an die von Backster beschriebenen Methoden durchgeführt wurden, es nicht gelungen sei, die Ergebnisse seiner Experimente zu reproduzieren.

Das scheint überhaupt ein allgemeines Problem bei der Erforschung der Pyramidenkraft zu sein. Die Autoren Bill Schul und Ed Pettit geben in *The Secret Power of Pyramids* (Die geheimnisvolle Kraft der Pyramiden) bei der Beschreibung ihrer Versuche mit Pflanzen offen zu, daß »die Ergebnisse nicht immer schlüssig sind. Bei anderen Arten von Experimenten zeigten sich gelegentlich widersprüchliche Tendenzen. Bei identischen Experimenten und Übereinstimmung aller variablen Werte ergaben sich manchmal entgegengesetzte Resultate.«

Dieses Eingeständnis zeigt, wie groß die Kluft zwischen konventioneller Wissenschaft und den tastenden Versuchen der Pyramidenforscher ist, denn für die wissenschaftliche Methodik heißt die unumstößliche Regel, daß nichts als bewiesen gilt, solange nicht die Ergebnisse beständig sind.

Viele der mit psychischen Phänomenen experimentierenden Forscher sind der Meinung, daß diese Haltung zu starr sei, daß diese Regel eine Beschränkung enthalte, die ein Vordringen in das Unbekannte unmöglich mache. Die starren Normen der Naturwissenschaften seien auf psychische Phänomene nicht anwendbar, die bisher unbekannten Gesetzen unterlägen. Fortschritt sei nicht möglich, so lange man sich nicht von diesen Fesseln löse. Die Beweise für die Existenz von Kräften außerhalb der von der konventionellen Wissenschaft anerkannten sind überwältigend, argumentieren sie, und nur der Konservativismus des Establishments hindert uns, den häufig als »mysteriös« abqualifizierten Phänomenen auf den Grund zu gehen.

Die wissenschaftliche Gemeinde aber bleibt bei ihren Vorbehalten. Ihre Sprecher argumentieren, daß nur das strikte Festhalten an Normen die gewaltigen Fortschritte der Wissenschaft im letzten Jahrhundert ermöglicht habe. Nur wenn diese Regeln für die wissenschaftliche Forschung verbindlich bleiben, behaupten sie, werden die Versuche, das Unbekannte zu erforschen, über die Fragwürdigkeit von Hexerei und Alchimie hinauswachsen.

Bis heute ist es nicht gelungen, diese beiden Standpunkte miteinander zu versöhnen. Die wachsende Zahl angesehener Wissenschaftler, die sich der Erforschung psychischer Phänomene widmet, ist sicherlich kein Anzeichen für eine Änderung der starren Haltung. Diese Männer und Frauen werden zweifellos besonders eifersüchtig darüber wachen, daß die Regeln eingehalten werden, denn sie sind sich darüber im klaren, daß in ihrem Kampf um Anerkennung noch viele Schwierigkeiten zu überwinden sind.

Aber selbst die strengsten Hüter wissenschaftlicher Methodik werden zugeben müssen, daß in den letzten Jahren eine steigende Unruhe im konservativen Lager zu beobachten ist. Und das ist nirgendwo deutlicher zu erkennen als in der eigentlichen Domäne reiner Forschung, der theoretischen Physik, die durch die Erforschung der kleinsten Teilchen der Materie (oder Nichtmaterie) die grundlegenden Geheimnisse der Existenz zu ergründen sucht.

Nichts verdeutlicht besser die Probleme auf diesem esoterischen Gebiet der Forschung als die von Heisenberg erarbeitete Theorie der Materie. In ihr wird deutlich, daß auf einer nicht veränderbaren Ebene konventionelle Methoden zur Erforschung der Natur des Universums versagen müssen. Es zeigte sich das Problem, daß die Beobachtung, das Sammeln von Daten, das Experimentieren selbst die Ergebnisse verzerrt. Wenn nicht neue Methoden entwickelt werden, wird das letzte Geheimnis wohl für immer verborgen bleiben.

Und die theoretische Physik ist tatsächlich bereits über diese Grenze hinweg in Bereiche vorgestoßen, in denen die Beobachtung bedeutungslos wird. Die Antimaterie zum Beispiel ist, obwohl heute allgemein als Realität anerkannt, nur durch ihre Wirkungen erkennbar. Sie ist nie beobachtet worden und wird es möglicherweise auch nie werden.

Die bezeichnendste Bestätigung der Doktrin, daß die Antworten außerhalb des Bereiches der traditionellen Naturwissenschaften zu suchen sind, kam kürzlich vom Max-Planck-Institut in Berlin, einem der angesehensten wissenschaftlichen Zentren der Welt: Ein indischer Guru, Experte in Fragen der Metaphysik, wurde als ordentliches Mitglied berufen.

Aber dieses Öffnen neuer Fenster scheint die Haltung der wissenschaftlichen Kreise zur Pyramidenenergie nicht geändert zu haben. Trotz der wachsenden Zahl der Arbeiten, die ihre Wirkungen bezeugen, kann die offizielle Mauer des Schweigens nicht durchbrochen werden. Wenn die Arbeit der Pyramidenforscher nur für die Anhänger des Okkultismus von Bedeutung wäre, könnte man das Schweigen als unwichtig abtun. Aber wenn in dieser Theorie auch nur eine Spur von Wahrheit steckt, könnte die Erforschung der Pyramidenenergie bei den Problemen, denen unsere Welt heute gegenübersteht, weitreichende Konsequenzen haben.

Wenn es wahr ist, daß Pflanzen in Pyramiden schneller reifen und mehr Früchte tragen, dann ist das angesichts der Herausforderung, eine in astronomischen Raten wachsende Bevölkerung ernähren zu müssen, ein Faktor, der nicht vernachlässigt werden darf. Und kann ein Staat, in dem die hohen Kosten der ärztlichen Versorgung eine wachsende Kluft zwischen der ärztlichen Kunst und den beschränkten Mitteln des Durchschnittsbürgers schaffen, es sich leisten, die angeblichen Heilkräfte der Pyramiden zu ignorieren? Bei der Aufwendigkeit der Mittel für die Bekämpfung der Wasserverschmutzung wäre es unverantwortlich, die Möglichkeiten nicht zu nutzen, die die Pyramiden angeblich bieten. Und wie steht es mit einer verbesserten und kostensparenden Abfallbeseitigung ohne das Risiko weiterer Luftverschmutzung?

»Kein Kommentar« seitens der Wissenschaft. Daran kommt man nicht vorbei, aber ist die offensichtliche Neigung, die Pyramidenenergie zu ignorieren, nur das Ergebnis von Vorurteilen?

Es ist viel über die Geheimnisse der Pyramiden geschrieben worden. Hier zeigt sich ein neues. Wenn Sie als aufgeschlossener Leser interessiert darangehen, die Wahrheit über die Pyramidenenergie herauszufinden, dann werden die üblichen Informationsquellen sich als eigentümlich enttäuschend erweisen.

Auf der einen Seite irritiert der Mangel an *Beweisen* – es erfordert sozusagen einen Akt des Glaubens, um sich von diesen Phänomenen überzeugen zu lassen. Wer auch nur etwas wissenschaftliches Denkvermögen hat, wird sich darüber klar sein, daß er nicht mehr als eine Zufallschance hat, wenn die Ergebnisse der Experimente widersprüchlich sind. Manche Pflanzen wachsen besser als andere, innerhalb oder außerhalb einer Pyramide. Hat die Pyramide Einfluß auf das Wachstum? Ist die Macht der Pyramide nicht mehr als ein Ausfluß der Suggestivkraft?

Auf der anderen Seite: Schweigen. Was hat *das* zu bedeuten? Auch für Schweigen gibt es einen Grund. Und wenn das Geheimnis dieses Schweigens enträtselt würde, könnte es vielleicht die wahre Geschichte von der Macht der Pyramiden erzählen. Das wäre dann eine Detektivgeschichte.

1

Ein Blick hinter die Kulissen

Eine Spur ist eine handfeste Tatsache, etwas Sicheres, worauf man aufbauen kann. Ihre Realität muß unanfechtbar sein. Die Argumente für die Pyramidenenergie werden aber in keiner Weise schon dadurch entkräftet, daß solche unanfechtbaren Wahrheiten schwer zu finden sind. Das ganze Thema ist zu neu, zu spekulativ. Wenn es keine unumstößlichen Daten gibt, um die Existenz dieser Kraft zu beweisen, bestätigt dann das Fehlen jedes Gegenbeweises ihre Existenz?

Beides ist natürlich falsch. Es bedeutet lediglich, daß die Detektivarbeit schwieriger ist. Auf der anderen Seite können zu viele Spuren die Arbeit komplizieren.

Aber eine sichere Tatsache ist in diesem Fall doch vorhanden. In der Methodologie der Erforscher der Pyramidenenergie gibt es eine absolut gültige Regel: Um wirksam zu sein, muß jede Pyramide nach dem Maß der Großen Pyramide des Cheops (griechischer Name für den Pharao Chufu) in Giseh gebaut sein.

Auch heute noch löst jeder Hinweis auf ägyptische Pyramiden automatisch bei uns das Bild der Monumente von Giseh mit der dazugehörenden Sphinx aus. Es war nur natürlich, daß die sowohl größten als auch konstruktionsmäßig vollendetsten Bauten dieser Art von Anfang an die besondere Aufmerksamkeit derer fanden, die die vergessene Geschichte der ägyptischen Kultur nach Tausenden von Jahren zu enträtseln suchten.

Dieser symmetrische Komplex wurde von den Griechen als eines der Sieben Wunder der Welt betrachtet (zusammen mit den Hängenden Gärten von Babylon, dem Kultbild des Olympischen Zeus von Phidias, dem Tempel der Artemis zu Ephesos, dem Mausoleum in Halikarnassos, dem Koloß von Rhodos und dem Leuchtturm auf der Insel Pharos), und es ist das einzige dieser Monumente, das verhältnismäßig intakt bis in unsere Zeit erhalten geblieben ist.

Von den drei Pyramiden in Giseh wurde die des Cheops besonders intensiv erforscht, und zwar wegen ihrer Größe (mit 146 Metern ist sie die größte, obwohl die nur wenig kleinere des Chephren [ägypt. Cha'efrê] wegen ihres höheren Fußpunktes eigentlich größer erscheint) und weil der Innenplan der Großen Pyramide einzigartig, viel komplexer als der ihrer Nachbarn ist. Zusätzlich zu dem üblichen Gang, der abseits zu einer (in diesem Fall unvollendeten) Grabkammer führt, gibt es einen zweiten – die Große Galerie –, der von ihm abknickend aufwärts führt zu der sogenannten Grabkammer des Königs mit dem leeren rötlichen Granitsarkophag, und einen dritten, der von der Großen Kammer abzweigt und zu der kleineren Grabkammer der Königin führt.

Die Ägyptologen sind übereinstimmend der Meinung, daß dieser Irrgarten auf zwei Planänderungen während der Bauzeit der Pyramide zurückzuführen ist, aber sie können keinen Grund dafür angeben. Sie haben auch keine Erklärung für den geheimnisvollen Brunnen am Fuß der Großen Galerie, die zu der Grabkammer des Königs führt. Sicherlich führte diese trockene Grube niemals Wasser. Und warum hat diese Pyramide, im Unterschied zu den anderen, Luftschächte, die zu den Außenwänden führen? Für den toten Pharao? Und für welchen Pharao? Die ersten Forscher haben keine Mumie gefunden. War der Behälter in der Königskammer überhaupt jemals ein Sarkophag, wie die Ägyptologen übereinstimmend behaupten? – Das sind nur einige der Fragen, die der Plan dieser Pyramide aufwirft.

Die Erbauung der Großen Pyramide gibt vielen Forschern noch immer Rätsel auf. Wie waren in der Frühzeit der Zivilisation Menschen in der Lage, ein Monument zu errichten, für das man 2,3 Millionen Steinblöcke benötigte, jeder im Durchschnitt zweieinhalb Tonnen, manche fünfzehn Tonnen schwer? Wie konnten sie diese ohne Hilfe einer modernen Maschinerie transportieren?

Man begnügte sich nicht damit, diese riesigen Steinblöcke aufeinanderzutürmen, sie wurden mit einer Präzision aneinandergefügt, die auch unter den Bedingungen unserer Zeit unglaublich erscheint, in der man Raumschiffe zu den entferntesten Planeten schickt. »Die durchschnittliche Stärke der Fuge der nördlichen Mantelsteine zur Ostseite hin beträgt 1/50 Zoll« (1/2 Millimeter), schrieb Sir Flinders Petrie, der die erste genaue Abmessung der Großen Pyramide machte. Und »obwohl die Steine bis zu 1/500 Zoll aneinanderschlossen, brachten die Baumeister es fertig, die Fugen mit Mörtel zu füllen, trotz der großen Oberflächen« (die Außenfläche der Steinblöcke betrug im Durchschnitt 35 Quadratfuß (4,66 Quadratmeter). Das alles war nur möglich auf Grund der Präzision, mit der die Steine behauen waren, mit »einer durchschnittlichen Abweichung von 1/100 Zoll von der Geraden auf 75 Zoll Länge«. Zu jeder Zeit wäre das eine bemerkenswerte Leistung gewesen.

Konventionelle Ägyptologen glauben vernünftige, zufriedenstellende Erklärungen für die meisten dieser Geheimnisse zu haben, aber es gibt auch einige, die sich weigern, sie zu akzeptieren. Selbst die Frage, ob die Pyramide als Grabmal geplant war, bleibt für sie ungelöst. Seit mehr als hundert Jahren haben weniger orthodoxe Forscher ihre eigenen Beweismittel gesammelt und sind zu ganz anderen Schlußfolgerungen gekommen. Wir werden gleich sehen, in welche Richtung ihre Überlegungen gegangen sind.

Zunächst aber wollen wir ein wichtiges Merkmal der Proportionen der Großen Pyramide betrachten, das zweifellos einen Bezug zu der Natur der Pyramidenenergie hat. Und es mag in einem gewissen Maße erklären, warum die Wissenschaftler des Establishments sich weigern, auch nur die Möglichkeit ihrer Realität zu erwägen.

Warum, so lautet die Frage, versteift man sich so sehr darauf, die Große Pyramide als Modell zu benutzen? Nur zwei der

»echten« Pyramiden (die Stufenpyramide von Sakkara gehört zu einer anderen Klasse) weichen von der Standardform ab. Alle anderen – einschließlich der Großen Pyramide – wurden ziemlich genau auf einem quadratischen Fundament errichtet, mit einer Neigung der Seitenflächen von rund 51 Grad zur Horizontalen. Deshalb entspricht jede Pyramide, die nach den Maßen der Großen Pyramide erbaut ist, den Maßen der überwiegenden Mehrheit der ägyptischen Pyramiden. (Es existieren heute noch etwa sechzig.)

Während bei gewissen Experimenten die Lage der Königskammer im Innern ein Hauptfaktor bei der Nutzbarmachung der Pyramidenenergie gewesen zu sein scheint, spielt das für die meisten nur eine geringe Rolle. Mit zwei Ausnahmen also mußten alle Pyramiden als Modell gleich effektiv sein. Und auf alle Ägyptologen wirkt der Name der Großen Pyramide schon wie ein Sturmsignal. Um ihn rankt sich eine ganze Geschichte von Kontroversen. Das ist ein zentrales Phänomen für die Frage nach der Pyramidenenergie und für das Schweigen des Establishments.

Vor etwas mehr als hundert Jahren teilte sich die Gruppe der Pyramidenforscher in zwei Lager. Genauer gesagt, die Auseinandersetzung begann 1859. In diesem Jahr erschienen zwei sehr bedeutsame Bücher: Charles Darwins *On the Origin of Species by Means of Natural Selection* (Die Entstehung der Arten durch natürliche Zuchtwahl) und John Taylors *The Great Pyramid: Why Was It Built? And Who Built It?* (Die Große Pyramide. Warum wurde sie gebaut? Und wer baute sie?). Taylors Buch kann man als den Grundstein der »Pyramidologie« bezeichnen, einer Schule, die die Meinung vertritt, daß die moderne Wissenschaft mit ihrer engen materialistischen Betrachtungsweise die Große Pyramide nie ganz begreifen kann. Obwohl es keinen deutlichen Hinweis auf die Beeinflussung von Bovis' Theorien gibt, werden die Pyramidologen so häufig in den Werken über Pyramidenenergie als Quelle zitiert, daß hier zweifellos eine enge

Beziehung besteht. In der modernen Literatur über Pyramidenenergie werden diese Autoritäten dagegen lediglich als Referenzen erwähnt. Sie verdienen mehr Beachtung.

Darwins Buch befaßt sich nicht mit Pyramiden, aber es hat auch für dieses Gebiet Bedeutung, denn sein Einfluß war wesentlich für die zukünftige Richtung der wissenschaftlichen Forschung. Als Endprodukt eines sich über einen langen Zeitraum hin entwickelnden Denkprozesses symbolisierte *Origin of Species* das Ende eines althergebrachten, unausgesprochenen Nichtangriffspaktes zwischen religiösen und wissenschaftlichen Kreisen. Leidenschaftslos, ohne den Versuch zu machen, seine Theorien in einer vom Christentum geprägten Welt, die die Bibel als von Gott inspirierte buchstäbliche Wahrheit betrachtete, zu rechtfertigen oder zu beschönigen, »zerstörte« er das Buch *Genesis*. Die Reaktion darauf ist bedeutsam für unseren Bericht.

Für viele gebildete Menschen war dieser Riß zwischen der spirituellen und der materiellen Welt sehr schmerzhaft. Männer und Frauen, die sich bisher für moderne und wissenschaftlich denkende Menschen gehalten hatten, vermochten diese Betrachtungsweise einfach nicht zu akzeptieren. Der Bruch wurde in aller Härte auf fast allen Gebieten der Wissenschaft spürbar, nicht zum wenigsten auf dem relativ neuen Gebiet der Ägyptologie.

Bis zu diesem Zeitpunkt hatten ernsthafte Forscher nur wenige Informationsquellen für die Erhellung der Geschichte des alten Ägypten zur Verfügung. Erst 1822 hatte Jean-François Champollion mit seiner Arbeit über den *Stein von Rosette* die ersten ägyptischen Hieroglyphen entziffert. Es vergingen noch viele Jahre, bis es für die Archäologie zum normalen Handwerkszeug gehörte, diese Sprache ohne langwierige Transkriptionsarbeit zu lesen.

Als erste hatten die klassischen Geschichtsschreiber, allen voran Herodot (den man oft als den »Vater der Geschichte« bezeichnet hat), über das alte Ägypten berichtet. Herodot gibt einen Bericht über eine Reise nach Ägypten im 5. Jahrhundert v. Chr. Darin beschreibt er ausführlich, was ihm die Priester über den Ursprung der ägyptischen Kultur erzählt haben. Mehr als zweihundert Jahre später hat Manetho, ein ägyptischer Priester, ein Verzeichnis der Pharaonen angefertigt, das noch heute erhalten ist.

Dann gab es die Überlieferungen, die bei der einheimischen arabischen Bevölkerung lebendig waren. Die meisten datieren aus der Zeit, in der Ägypten ein Teil des christlichen Byzantinischen Reiches war. Ein Beispiel ist die Schrift des Abu Ma'schar (Abu Ma'sar Dscha'far al-Balchī) aus dem späten 9. Jahrhundert. Abu Ma'schar wiederholt hier eine Legende, die schon von Iulius Honorius im 4. Jahrhundert erwähnt wird: daß nämlich die Pyramiden die biblischen Kornspeicher Josephs gewesen seien. (Diese Erklärung ist u. a. in einem Mosaik im Markus-Dom in Venedig verewigt.)

Während diese Legende heute nicht mehr ernst genommen wird, hat sich eine andere Erzählung mit nur geringfügigen Änderungen bis heute erhalten. Der arabische Gelehrte schrieb: »Die weisen Männer vor der großen Flut, die ein drohendes Gericht des Himmels vorhersahen, entweder durch Überschwemmung oder durch Feuer, das jedes erschaffene Wesen vernichten würde, erbauten auf den Spitzen der Berge und in Unterägypten viele Pyramiden aus Stein, um eine Zuflucht vor dem nahenden Unheil zu haben.«

Eine weitere arabische Quelle, Ali al-Mas'ūdi, der in der Mitte des 10. Jahrhunderts lebte, berichtet eine andere Geschichte, die den Test der Zeit bestanden hat und in modernen Bestsellern zu finden ist. Nach Mas-ūdi wurden die Gänge in den Pyramiden mit den Schriften der Priester gefüllt, die alle Arten der Weisheit und »die Geschichte und Chronik der vergangenen Zeiten, der Zeit, die unmittelbar bevorsteht, und aller zukünftigen Ereignisse...« enthalten.

Die bedeutendste Quelle war das Alte Testament. Da man annahm, daß es bis zum Beginn der Menschheitsgeschichte zurückreichte, stellte kein Gelehrter in Frage, daß die Passagen, die sich mit Ägypten befassen, zur gleichen Zeit niedergeschrieben worden waren, in der die Kultur am Nil blühte. Wenn daher die Schrift richtig interpretiert wurde, mußte es möglich sein, die ganze Geschichte zu rekonstruieren.

Die heute vorwiegende Theorie, die durch die Karbon (C)-14-Methode und andere objektive Techniken der Datierung bestätigt wird, behauptet, daß die zeitliche Übereinstimmung mit der Entwicklung der ägyptischen Zivilisation nur für die späteste Zeit gilt. Moses zum Beispiel soll nach heutigen Erkenntnissen nicht früher als im 13. Jahrhundert v. Chr. gelebt haben. Das früheste gesicherte Datum der ägyptischen Geschichte ist 1990 v. Chr., der Beginn der 12. Dynastie; aber die große Zeit des Pyramidenbaus war die 4. Dynastie des Alten Reiches, die mehr als fünfhundert Jahre früher liegt. Die biblischen Berichte sind also um ungefähr eintausend Jahre gegenüber der Blütezeit der ägyptischen Kultur versetzt.

Vom wissenschaftlichen Standpunkt aus weit gravierender war die unwidersprochene Doktrin, daß die Bibel in jedem Detail buchstäblich richtig sei, Wort für Wort von Gott inspirierte Wahrheit. Jede Evidenz, die sie zu widerlegen schien, war unannehmbar. Entweder war die Schrift falsch interpretiert worden, oder es handelte sich um eine Anomalie, die ohne Diskussion zu verwerfen war.

Die folgenden Passagen eines 1833 veröffentlichten Buches über die Monumente Ägyptens sind, so merkwürdig sie heute klingen, typisch für die wissenschaftliche Grundeinstellung der damaligen Zeit:

> ... Wir berufen uns auf die Biblische Geschichte, da sie das älteste, sicherste und vollständigste Fundament der Forschung ist. Sie rechnet zehn Generationen von der Sintflut zu Abraham; und da wir ... zu der damaligen Zeit achtzig Jahre für eine Generation annehmen müssen, verfügen wir über ei-

nen Zeitraum, der ausreichend für alle Ereignisse und Entwicklungen ist, von denen wir sprechen: Entstehen der Künste, Regierungen...

Der Autor, Thomas Yeates, spekuliert über die Möglichkeiten, ob die Große Pyramide »eine Kopie des ursprünglichen Turmes von Babel« ist und ob ihre Dimensionen »nicht denen der Arche Noah entnommen sind, die eine Grundfläche bedeckt haben soll, die der der Großen Pyramide entspricht«. Er zieht den Schluß, daß »die ältesten und größten Pyramiden die ursprünglichen Tempel waren, die zur Verehrung der Gottheit errichtet wurden...«

Interessanterweise bezieht sich Yeates bei seiner Turm-von-Babel-Theorie unter anderem auch auf den Reverend T. Maurice, der 1816 die Ansicht vertreten hatte, daß die Pyramiden von Ägypten und Amerika ebenso wie die chinesischen und indischen »Pagoden« einen gemeinsamen Ursprung haben – ein Thema, das auch in der neueren Literatur immer wieder auftaucht. Der gute Reverend war überzeugt, daß sie alle der »Dämonen-Anbetung dienten; ihr eigentlicher Begründer war Satan selbst«.

Trotz ihrer religiösen Vorurteile kamen die Gelehrten zu überraschend klarsichtigen Feststellungen. Yeates zum Beispiel verwarf entschieden die Theorie, daß die Pyramiden als Katastrophen-Schutzraum erbaut worden seien. Die Höhe sei zwar ausreichend, und die Gesamtfläche könne Tausenden Zuflucht bieten, aber »je höher bei einer Flut oder Überschwemmung das Wasser ansteigt, um so geringer würde ihr Nutzen sein... Je größer die Gefahr, um so weniger Sicherheit böte der Zufluchtsort.« Und doch wird diese Theorie auch weiterhin vertreten.

Fünf Jahre später versuchte ein anderer Gelehrter, H.C. Agnew, mit Argumenten aus der Geometrie zu beweisen, daß die drei Pyramiden von Giseh als ein gemeinsames Projekt geplant worden seien. Neuere Untersuchungen haben viele Archäologen davon überzeugt, daß dies tatsächlich der Fall war. Wenn auch diese frühen Ägyptologen über wenig Information verfügten und durch den religiösen Konservativismus ihrer Zeit beengt waren, kann man ihre Logik nicht in Frage stellen.

Sie waren Stubengelehrte, die überwiegend aus literarischen Quellen schöpften und diese analysierten. Aber es gab auch Wissenschaftler – und hatte es seit vielen Jahren gegeben –, die andere Methoden benutzen, um zu neuen Feststellungen zu kommen. Kein Verfahren hat in der Entwicklung der Wissenschaft eine so bedeutende Rolle gespielt wie das Vermessen, ein objektives Mittel, die Wirklichkeit zu erfassen.

Einer der ersten, der diese Methode auf die Pyramiden anwandte, war ein englischer Gelehrter namens John Greaves. Er war Mathematiker und Professor für Astronomie an der Oxford-Universität, hatte neue nahöstliche Sprachen studiert und war wegen dieser Fähigkeiten von William Laud, dem Erzbischof von Canterbury unter Charles I., in diesen Teil der Welt geschickt worden, um nach alten Schriften zu suchen. Nachdem es ihm gelungen war, einige seltene Manuskripte aus der Bibliothek von Byzanz zu erwerben, die sich im Palast des türkischen Sultans in Istanbul befand, reiste Greaves 1628 weiter nach Ägypten.

Natürlich besuchte er auch die Pyramiden von Giseh. Dort, wohl versehen mit einem »Sextanten von zehn Fuß mit genauester Einteilung« und einem Quadranten, begab er sich in die Gänge der Großen Pyramide und begann mit Vermessungen. Diese Arbeiten waren nicht umfassend genug, um zu exakten Ergebnissen zu kommen, aber die Schlußfolgerungen, die er aus seinen unmittelbaren Beobachtungen zog, waren sehr interessant. Er veröffentlichte sie 1646 in einem Buch mit dem eindrucksvollen Titel *Pyramidographia.*

Mit scharfem Verstand und ausgerüstet mit einer gründlichen Kenntnis der vorhandenen Literatur zerpflückte Greaves die zu seiner Zeit herrschenden Theorien über die Pyramiden. Über die

Theorie von den Kornspeichern Josephs schrieb er: »Abgesehen davon, daß diese Form höchst ungeeignet für einen solchen Zweck ist (eine Pyramide ist unter den regelmäßigen mathematischen Körpern der mit dem geringsten Fassungsvermögen), widerlegen auch die geringe Größe und Anzahl der Innenräume diese Mutmaßung (der Rest des Bauwerks ist massives und starkes Steinwerk).«

Waren die Pyramiden astronomische Observatorien, wie einige Ägyptologen behaupteten? (Diese Theorie wird auch heute noch diskutiert.) »Daß die Priester in der Nähe dieser Pyramiden ihre Beobachtungen durchführten«, schrieb Greaves, »zweifle ich keineswegs an. Diese Bodenerhebung ist dafür nach meinem Urteil einer der geeignetsten Plätze in Ägypten. Und besonders wegen der Nähe von Memphis. Aber daß diese Pyramiden als Observatorien errichtet wurden ... ist in keiner Weise glaubhaft. Und ich kann auch nicht einsehen, aus welchem Grund die Priester die große Schwierigkeit auf sich nehmen sollten, sie zu besteigen, wenn sie bequemer und mit gleicher Genauigkeit von ihren eigenen, in die Felsen, auf denen die Pyramiden erbaut wurden, gehauenen Unterkünften aus dieselben Beobachtungen durchführen konnten ...«

Was waren dann also die Pyramiden? Greaves beruft sich auf die klassischen Geschichtsschreiber und kommt zu dem eindeutigen Schluß: »Die Zeugnisse der Alten bestätigen ... daß sie zu Grabstätten bestimmt waren«, erbaut, weil die »Ägypter glaubten, daß die Seele so lange beim Körper ausharrt, als dieser existiert ... nicht indem sie ihn belebt und bewegt, sondern als ein Diener und Wächter, und daß sie ihre frühere Wohnung nicht verlassen will.« Das ist nach Auffassung moderner Ägyptologen, die die in den Gräbern gefundenen Texte studiert haben, eine erstaunlich exakte Interpretation ägyptischer Glaubensvorstellungen.

Die Vermessungsergebnisse, die 1859, als Taylors Buch erschien, allgemein anerkannt wurden, stammten ebenfalls von einem Engländer, Colonel Richard Howard Vyse, einem aristokratischen Berufsoffizier, der im Alter von etwa 50 Jahren 1835–36 eine von ihm selbst finanzierte Expedition nach Giseh unternahm. Wie viele Forscher nach ihm glaubte Vyse, der die Texte der Bibel buchstabengetreu interpretierte, daß die Pyramiden von den Juden während ihres Aufenthaltes in Ägypten erbaut worden seien. Er gründete seine Meinung auf die Geschichte des Flavius Josephus, eines kriegsgefangenen jüdischen Aufrührers, die dieser in Rom im ersten Jahrhundert nach Christus geschrieben hatte. Josephus berief sich auf den ägyptischen Priester Manetho und versuchte zu beweisen, daß die Juden die Hyksos, die Hirtenkönige, waren, die das Niltal erobert hatten und später von Amosis I. vertrieben wurden.

Howard Vyse scheint nicht gewußt zu haben, daß diese These schon fast zweihundert Jahre früher von Greaves eindeutig widerlegt worden war: »Da die Heilige Schrift klar sagt, daß die Sklavenarbeit der Juden darrin bestand, Ziegel herzustellen und zu brennen«, hatte der Astronom geschrieben, »...während diese Pyramiden aus Stein sind, kann ich (dieser) Behauptung nicht zustimmen.«

Bezüglich der Hirtenkönige schrieb er: »Als Entgegnung auf Josephus... sagen wir, daß man die Israeliten zwar zu Recht als Hirten bezeichnen kann, man darf aber doch nicht allein aus diesem Grunde wie Manetho daraus folgern, daß diese Hirten Israeliten gewesen wären. Nein, wenn wir diesen Bericht Manethos mit dem im Exodus vergleichen, den Josephus als Jude doch wohl akzeptieren muß, werden wir das Gegenteil finden. Denn dort leben sie in schwerer Sklaverei und Verfolgung, während sie hier die Verfolger und Peiniger sind. Dort ächzen sie unter der Knute ihrer Aufseher, hier lassen sie Ägypten unter ihrer Knute ächzen.«

Howard Vyse war ein zu redlicher Gelehrter, als daß er seine Forschungen durch seine Vorurteile hätte beeinflussen lassen. In der Tat bewies er im Laufe seiner Untersuchungen selbst, daß er unrecht hatte. Er fand Steinblöcke in den ursprünglich versiegelten Teilen der Großen Pyramide, in die der Name Chufu eingeritzt war. Allerdings konnte er damals nicht wissen, daß dadurch das Monument in eine Zeit weit vor der Ankunft der Hebräer in Ägypten gerückt wurde. Seine Vermessungen sollten jedoch die Grundlage für die häufig antiwissenschaftlichen Schulen der Pyramidologie werden. Greaves, der durch seine Schriften liebgewordene Vorstellungen zerstört hatte, wurde von dem neuen Kult ignoriert. Als die Wissenschaft Beweise lieferte, die seine Theorien stützten, wurden sie als materialistisch abgetan.

2

Das mathematische Rätsel

Eines der Probleme bei der Bewertung der Argumente zugunsten der Pyramidenenergie liegt darin, daß sie sich auf eine eigentümliche Mischung aus materiellem und spirituellem Beweismaterial stützen. Dabei berufen sich die Verfechter dieser Theorie auf einen Präzedenzfall, der uns in die Anfänge der Pyramidologie zurückführt. Diese Mixtur von Beweismaterial würde für sich allein schon ausreichen, den wissenschaftlichen Puristen abzuschrecken. Aber wie verhält es sich erst mit dem Vorwurf, daß der Empirismus der Wissenschaftler eine Blindheit sei, die die Pyramiden ihrem Verständnis entziehe?

Auch wenn wir uns von keinen Vorurteilen leiten lassen, treffen wir auf ein ernsthaftes Problem. Die Beweismittel aus den beiden verschiedenen Bereichen sind unvereinbar. Als Grundregel muß daher gelten, daß die immateriellen Beweismittel für die Pyramidenenergie dem Urteil des einzelnen überlassen bleiben müssen. Sie verlangen Glauben, und der ist eine Angelegenheit der persönlichen Überzeugung.

Aber wo die Verfechter unorthodoxer Interpretationen der Bedeutung der Pyramiden sich auf anscheinend harte Fakten beziehen, kann es nur billig sein, diese objektiven Tests zu unterwerfen, ihre Argumente mit denen des Establishments zu konfrontieren. Wie wir sehen werden, gibt es da manchmal krasse Widersprüche. Auch hier wird das Urteil des einzelnen herausgefordert.

John Taylor war der Vater der Pyramidologie, der ersten der Schulen, die wissenschaftlichen Empirismus als unzureichend verwarfen. Er war ein höchst respektabler Viktorianer aus Nottinghamshire. Man hätte ihn in früheren Zeiten eher auf der Seite des Kronanwalts vermutet als auf der eines Rebellen vom Schlage

Robin Hoods. Nach altem Brauch ging er als junger Mann nach London, um dort sein Glück zu machen. In Fleet Street, damals publizistischer Mittelpunkt der Welt, hatte er bald einen angesehenen Namen. Taylor & Walton, deren Teilhaber er war, wurden Verleger und Buchhändler für die Universität London.

Taylors Talente beschränkten sich jedoch nicht auf die geschäftliche Seite der Publizistik, er war auch Herausgeber des *London Magazine* und zählte zu seinen literarischen Freunden Charles Lamb, Samuel Taylor Coleridge und John Keats. Aber es gab in seiner Familie enge Beziehungen zur Finanzwelt (sein Bruder James war Bankier), und Taylors Artikel konzentrierten sich auf die Tugenden eines fiskalischen Konservativismus, die Unantastbarkeit eines ausgeglichenen Budgets und die Gefahren einer Entwertung des geheiligten Britischen Pfundes.

Es ist daher kaum eine Überraschung, daß er sich auch sehr ernsthaft mit mathematischen Problemen befaßte. Er fand die vielen von Howard Vyse zusammengetragenen Daten äußerst interessant (sie waren unter dem Titel *Operations Carried on at the Pyramids of Giza* [Untersuchungen an den Pyramiden von Giseh] in drei Bänden seit 1840 erschienen). Taylor war schon seit langem von der Großen Pyramide fasziniert. Am Ende seiner erfolgreichen Karriere ging er daran, ein Projekt zu verwirklichen, das ihn gut dreißig Jahre beschäftigt hatte. Er verglich Howard Vyses Beobachtungen mit den Überlieferungen der klassischen Geschichtsschreibung und des Alten Testaments. Er kam zu einigen interessanten Schlußfolgerungen.

Seine wichtigste Entdeckung war das Verhältnis der Höhe der Großen Pyramide zu ihrem Umfang, das $1 : 2\pi$ beträgt, also dem Verhältnis des Radius eines Kreises zu seinem Umfang entspricht. In der Geometrie ist π gleich 3,141 (die Dezimalstellen können bis unendlich erweitert werden). Dieses Konzept ist von erstaunlicher mathematischer Kühnheit, man kann es kaum mit den mathematischen Fähigkeiten der Ägypter zur Zeit des Pyramidenbaus in Einklang bringen.

Taylor weigerte sich zu glauben, daß dies eine zufällige Koinzidenz war. Und es gibt Beweismaterial, das auch moderne Wissenschaftler von der Richtigkeit seiner These überzeugt; vor allem die Tatsache, daß die meisten anderen Pyramiden die gleichen Maßverhältnisse aufwiesen, alle zum Beispiel mit einem Böschungswinkel von 51° 51' erbaut waren. Da Taylor keine Daten über andere Pyramiden zugänglich waren, kam er zu dem Schluß, daß die Große Pyramide in dieser Beziehung einmalig sei. Das führte ihn zu dem weiteren Schluß, daß sie das Original und die anderen, kleineren Pyramiden bloße Nachahmungen seien. (Übrigens eine langlebige, nach Meinung der Ägyptologen irrige Annahme. Sie wird zum Beispiel noch 1975 in Schul und Pettis *The Secret Power of Pyramids* wiederholt).

In konsequenter Weiterentwicklung dieser Argumentation kam Taylor zu der Annahme, daß die Große Pyramide nicht von Ägyptern erbaut sein könne. Es gab keine Präzedenzfälle in diesem Land, und doch waren sie die größten Monumente, und das in ihnen verwirklichte mathematische Wissen war den Ägyptern nicht zugänglich. Bei seiner Suche nach den wirklichen Baumeistern stieß er zunächst auf einige Passagen bei Herodot.

> Bis auf den König Rampsinit nun, sagten sie (die Priester), sei in Ägypten Recht und Gerechtigkeit gewesen, und das Land habe sich in großem Wohlstand befunden; aber nach diesem sei Cheops König geworden, der es ganz schlecht getrieben habe. Denn zuerst habe er alle Tempel geschlossen und sie vom Opfer abgehalten; sodann habe er befohlen, daß alle Ägypter ihm Frondienste leisteten.

Offenbar war Cheops den Priestern verhaßt, und die Priester waren Götzendiener. Ergo, argumentierte Taylor, war Cheops ein Mann Gottes, unzweifelhaft ein Jude. Wenn das aber so war, würde er sicherlich nicht die Ägypter gezwungen haben, ein riesenhaftes heidnisches Grabmal zu bauen. Und obwohl die Gelehrten bisher keine Hinweise darauf gefunden hatten, war es unvorstellbar, daß ein so großes von einem Juden verwirklichtes Projekt keine Erwähnung in der Bibel hätte finden sollen. Taylor nahm also sein Altes Testament zur Hand und begann erneut zu suchen. Bei Isaias im 19. Kapitel heißt es:

19. An jenem Tag steht ein Altar des Herrn inmitten von Ägypten, an seiner Grenze für den Herrn ein Denkstein.

20. Das wird zum Zeichen und zum Zeugnis für der Heeresscharen Herrn in dem Ägypterlande: Wenn sie zum Herrn vor den Bedrängern schreien, dann schickt er ihnen einen Retter, der für sie streitet und sie rettet.

21. Und den Ägyptern wird der Herr sich offenbaren, und die Ägypter lernen an jenem Tag den Herrn erkennen und bringen Schlacht- und Speiseopfer dar; sie lösen ein, was sie dem Herrn gelobt.

»Das«, davon war Taylor überzeugt, war die Große Pyramide, und der Baumeister mußte logischerweise die heidnischen Tempel geschlossen und damit den Zorn der Priester auf sich gezogen haben.

Die Werke Gottes mochten ein Geheimnis sein, aber das war eher eine Folge des begrenzten menschlichen Verstandes als ein Zeichen für die Sinnlosigkeit seiner Werke, glaubte Taylor. Er war überzeugt, daß die Inkorporation des π für die Absichten des Herrn relevant war. Er fand seine Überzeugung bestätigt, als er auf ein 1706 geschriebenes anonymes Manuskript stieß, dessen Verfasser behauptete, daß das beim Bau der Großen Pyramide angewendete Maßsystem nicht das der alten Ägypter war, sondern das im modernen England gültige.

Damit glaubte Taylor einen großen Fund gemacht zu haben, denn hier handelte es sich um eine Angelegenheit von höchst aktueller politischer Bedeutung. Das in Frankreich entwickelte metrische System hatte sich fast auf dem ganzen Kontinent durchgesetzt, und es gab eine lebhafte Agitation, angeregt sowohl von wissenschaftlicher Seite wie von exportbewußten Unternehmern, für eine Einführung dieses Systems in Großbritannien. Aber es gab auch eine starke britische Bewegung gegen diese Pläne, die sich vor allem auf religiöse Argumente stützte. Die Französische Revolution mit ihren starken antiklerikalen Tendenzen hatte in Großbritannien schlimme Befürchtungen ausgelöst, und das metrische System wurde mit diesen Tendenzen identifiziert. Nach den ursprünglichen Plänen hatte die metrische Umwandlung auch die Einführung einer Zehn-Tage-Woche eingeschlossen. Die *Genesis* sagte eindeutig, daß der Herr die Sieben-Tage-Woche wollte. Daß nach einer Versuchszeit die Franzosen selbst die Dezimalwoche wieder aufgegeben hatten, war unerheblich. Wenn der ursprüngliche Gedanke dem Willen Gottes widersprach, dann war das ganze System suspekt.

Jetzt konnte Taylor die wirkliche Funktion der Großen Pyramide begreifen: Es war kein Zufall, daß das britische Gewichts- und Maßsystem der Pyramide zugrunde lag, es war vielmehr ein von Gott inspiriertes, von Beginn an gültiges System, das in Großbritannien überlebt hatte. Die Große Pyramide war eine Botschaft von oben an die moderne Welt, um die antimetrische Partei in ihren Anstrengungen zu unterstützen. Mit Vyses Daten bewies er mathematisch, daß die Basiseinheit zur Bestimmung der Grundfläche der Pyramide die »heilige Elle« der Hebräer war (25.024 britsche Zoll) und nicht die ägyptische »königliche Elle«. Das wiederum bewies den jüdischen Ursprung des Monuments definitiv. Taylor mutmaßte, daß der Baumeister kein anderer als Noah gewesen war.

Überzeugt, daß er jetzt auf der richtigen Fährte war, wandte Taylor seine Aufmerksamkeit dem Innern der Pyramide zu. Der große Granitbehälter in der Kammer des Königs konnte kein Sarkophag gewesen sein, natürlich nicht, denn er hatte ja bewiesen, daß das Monument niemals als Grabmal geplant war. Taylor bestimmte seine Funktion auf der Grundlage seiner inneren Abmessungen.

Es konnte im Licht seiner neugewonnenen Erkenntnisse kein

zufälliges Zusammentreffen sein, daß es 71.214 Kubikzoll Inhalt hatte. Nach einigem Suchen fand er ein britisches Maß, das diesem entsprach. Weizen wurde von den Farmern nach »Quarters« gemessen, von denen vier ein altes, nicht mehr gebräuchliches angelsächsisches Raummaß ergaben, das als »Chaldron« bekannt war. Es entsprach in etwa der Größe des Behälters in der Königskammer.

Nachdem Taylor so den Zweck der Großen Pyramide entdeckt hatte, veröffentlichte er mit 78 Jahren sein achtbändiges Werk, in dem er alle religiös bewußten Briten dazu aufrief, sich zu einer Abwehrfront gegen die Einführung des blasphemischen metrischen Systems zusammenzuschließen. Es ist also von tiefer Bedeutung, daß sich Großbritannien erst jetzt zur Umwandlung seines Systems entschlossen hat!

Wenn die heutigen Verfechter der Pyramidenenergie auch nicht theologisch den Spuren Taylors folgen, so ist er doch keineswegs vergessen. Die Einbeziehung von π in die Abmessungen der Pyramiden wird noch immer als Beweis dafür gewertet, daß die Große Pyramide mehr als ein bloßes Grabmal ist. Ist das ein Beweis für den hohen wissenschaftlichen Standard des Nahen Ostens, den die konventionelle Archäologie bislang nicht wahrhaben will?

Sicherlich, die alten Ägypter genießen als Mathematiker kein besonders hohes Ansehen. Tausend Jahre nach der Erbauung der Pyramiden von Giseh zeigen dokumentarische Beweise, daß sie hinter den zeitgenössischen babylonischen Theoretikern weit zurücklagen – mit einer seltsamen Ausnahme. Im Rhind-Papyrus, der um 1600 v. Chr. datiert wird, nennt der Schreiber Ahmes eine Formel, um den Inhalt eines Kreises mit bekanntem Durchmesser zu bestimmen: $(^{8d}/_{9})^2$, was einem π-Wert von 3.1605 entspricht, eine Formel, die dem wirklichen π-Wert näherkommt als die 3.-, die aus der zu dieser Zeit in Babylon gebräuchlichen Formel resultiert.

Es gibt keine Möglichkeit, den Zeitpunkt zu bestimmen, an dem diese Formel erstmals angewendet wurde. Nichts deutet darauf hin, daß Ahmes der geniale Erfinder war. Er hat wahrscheinlich nur ein älteres Dokument kopiert, aber es ist erwähnenswert, daß der Moskauer Papyrus, der aus derselben Zeit stammt, ebenfalls eine Formel für die Berechnung des Rauminhalts einer Pyramide enthält, die das gleiche Ergebnis bringt. Das war lange nachdem dieses gewaltige Monument gebaut wurde. Es ist aber zumindest ein Hinweis darauf, daß die Formel aus dieser Erfahrung entstanden sein könnte.

Der Physiker Kurt Mendelssohn spricht in *The Riddle of the Pyramids* (Praeger, New York, 1974) eine Vermutung aus, wie sie zufällig auf π gestoßen sein könnten. Er nennt den Elektronik-Ingenieur T.E. Connolly als seinen Gewährsmann.

Connolly ging von der Annahme aus, daß die Ägypter des Alten Reiches keine ausgeklügelten mathematischen Konzepte hatten, sondern vielmehr diesen Problemen sehr naiv gegenüberstanden. Ohne es zu beabsichtigen, brachten sie bei dem Versuch, ein praktisches technisches Problem zu lösen, eine größere Abweichung in ihren Plan und kamen so zufällig zu dem π – wie gesagt, ohne zu bemerken oder gar zu verstehen, was sie da »getan« hatten.

Was den Baumeistern Schwierigkeiten machte, war die Neigung der Palmfiber-Taue (die sie zum Messen brauchten), sich zu dehnen. Über eine größere Distanz führte das zu nicht unerheblichen Abweichungen. So kam jemand auf die Idee, eine Trommel zu benutzen, von der man die gewünschte Länge abrollte. Da die königliche Elle zum Messen der Höhe verwendet wurde, war es logisch, sie auch als Längenmaß zu benutzen, und die Trommel wurde mit einem Durchmesser von einer Elle angefertigt. Dies war der entscheidende Irrtum.

Wenn eine Pyramide die doppelte Höhe ihrer Basisbreite haben sollte, mußte man von dem geplanten Mittelpunkt nach außen die halbe Länge (oder ein Viertel der Höhe) messen, um den

Außenrand der Basis zu finden. Die Höhe und die Entfernung vom Mittelpunkt zur Kante würden im Verhältnis 4 : 1 stehen, wenn man die gleiche Maßeinheit zur Bestimmung der Höhe und Breite benutzte.

Aber wenn man eine Trommel dreht, mißt man mit ihrem Umfang statt mit ihrem Durchmesser und ändert damit völlig die Maßeinheit und die Proportionen der Pyramide. Zufällig baut man so jedoch eine Pyramide, deren Seiten eine Neigung von 51° 52' haben und die das Verhältnis 1 : 2 π aufweisen.

Zwei Dinge bestätigen, daß dies wahrscheinlich passiert ist: Einmal haben die einzigen Pyramiden, die nicht die gleichen Proportionen haben wie die Cheops-Pyramide, eine Neigung von 43½°, zu der man unweigerlich kommt, wenn man ein Verhältnis von 3 : 1 statt 4 : 1 Höhe zu Basisbreite plant; zweitens trifft die Formel des Moskauer Papyrus zur Bestimmung des Rauminhalts einer Pyramide nur für die Pyramide mit dem normalen Böschungswinkel zu, was anzeigt, daß man sie eher durch Beobachtung als durch theoretisches Verständnis gefunden hat.

3

Atheismus und britischer Zoll

Fünf Jahre nach Vollendung seines Werkes starb Taylor, aber nicht ohne einen würdigen Apostel für seine Sache gefunden zu haben. Der Verleger aus Nottinghamshire hatte die Sorgen der gottesfürchtigen Menschen zu einer Zeit konkretisiert, in der die Wissenschaft schließlich zur offenen Herausforderung gegen die buchstabentreue Wahrheit der Heiligen Schrift anzutreten gewagt hatte. Taylor sagte: »Bis hierher und nicht weiter.«

Dr. Charles Piazzi Smyth war ein Wissenschaftler, dem diese Warnung sehr gelegen kam. Er war Mitglied der Royal Society, des erhabenen Oberkommandos der Wissenschaften, dem auch sein Vater, Admiral William Henry Smyth, schon angehört hatte. Der jüngere Smyth war königlicher Astronom von Schottland und Professor an der Universität Edinburgh, als er mit Taylors Theorien bekannt wurde.

Taylor war überglücklich, das Kommando an einen Nachfolger mit so eindrucksvoller Beglaubigung übergeben zu können, als Piazzi Smyth sich mit ihm in Verbindung setzte. Unmittelbar vor seinem Tode sagte der Ältere: »Wenn die Menschen dieses Landes es zulassen, daß ihre ererbten Gewichte und Maße zugunsten der französischen Erfindungen abgeschafft werden, dann verdienen sie es reichlich, aus ihrem angestammten Land vertrieben und zu einer heimatlosen und verabscheuten Rasse zu werden, wie die Juden der alten Zeit.« Er schrieb: »Die *Sache* ist das große Ziel. Und wenn wir in irgendeiner Weise fähig sind, solange wir auf Erden weilen, die Wege Gottes unter den Menschen zu verteidigen, haben wir nicht vergeblich gelebt.«

Inspiriert von seinem Mentor machte sich Piazzi Smyth an eine neue Analyse der Zahlen Howard Vyses. Sein Ausgangspunkt war die Basislinie der Pyramide, die man sicherlich nicht willkürlich festgelegt hatte und der er große Bedeutung beimaß. Zunächst war er sehr enttäuscht, denn seine Berechnungen, für die er den britischen Zoll benutzte, blieben ständig in unhandlichen Bruchzahlen stecken. Augenscheinlich kam es ihm nie in den Sinn, Taylors Behauptung in Frage zu stellen, daß alle Dimensionen der Pyramiden auf der Grundlage des britischen (d.h. göttlich inspirierten) Maßsystems berechnet waren.

Piazzi Smyth fand eine scharfsinnige Lösung für sein Problem. Der ursprüngliche Zoll, entschied er, mußte im Laufe von mehr als dreihundert Jahren verfälscht worden sein. Wenn er statt dessen als Basiseinheit einen Wert zugrunde legte, der 0.999 eines britischen Zolls entsprach – er nannte diese Einheit »Pyramidenzoll« –, wurden seine Berechnungen erstaunlich erleichtert. Und das schien ihm ein Beweis für die Richtigkeit seiner Hypothese zu sein.

Jetzt konnte er weitermachen. Eines der Argumente für das metrische System war, daß es wissenschaftlich überlegen sei, weil es auf einer auf der ganzen Erde gültigen Konstante basierte: dem Erdumfang. Piazzi Smyth gelang der Nachweis, daß die Dimensionen der Pyramiden ebenfalls auf einer Kenntnis der Erdmaße beruhten. Er demonstrierte, daß bei einer Teilung der Basislinie der Großen Pyramide durch 366 sich 24 Zoll ergaben, »eine Länge, die annähernd einem Zehnmillionstel der halben Rotationsachse der Erde entsprach«.

Warum 366? Das bewies (in etwa), daß der Erbauer der Pyramide von dem Sonnenjahr Kenntnis hatte, das die »götzendienerischen« Ägypter nach Piazzi Smyth nicht kannten, da sie ihrer Jahresrechnung den Frühaufgang des Sterns Sirius zugrunde legten. Die 24 Zoll entsprachen genau genug der heiligen Elle (»von der die gottlosen Ägypter und die Jupiter, Juno und Venus anbetenden Griechen, als sie in Ägypten herrschten, nichts wußten«), um Taylors Vermutung über die Nationalität des Baumeisters zu beweisen.

Weiter bewies die Höhe der Pyramide, daß der Erbauer

Kenntnis von der ungefähren Entfernung des Mondes hatte, und ihr Standort zeigte, daß er den geographischen Mittelpunkt des bewohnten Bereichs der Erde zu bestimmen vermochte, denn an diesem Punkt befand sich die Große Pyramide. (Der zweite Schluß ist besonders interessant, denn theoretisch konnte jeder Punkt auf der Oberfläche einer Kugel mathematisch als Mittelpunkt ihres bewohnten Bereichs bestimmt werden.)

Piazzi Smyth erhärtete nicht nur Taylors Theorie bezüglich des »Behälters« in der Königskammer, er versuchte auch zu beweisen, daß die Dimensionen der Großen Galerie, die zu ihr führte, eine Woche mit sieben Tagen repräsentierte. Bezeichnenderweise entsprachen alle Maßverhältnisse in der Pyramide denen, die man in England benutzte, und er vergaß nicht, diese Tatsache zu erwähnen, als er seine Schlußfolgerungen in *Our Inheritance in the Great Pyramid* (Unser Erbe an der Großen Pyramide) veröffentlichte. Er ließ keinen Zweifel daran, daß das Wort »unser« im »nationalen Sinne« gemeint war.

Nachdem Piazzi Smyth den Reichtum wissenschaftlicher Erfahrung und das Alter, die dem britischen metrologischen System zugrunde lagen, demonstriert hatte, schrieb er: »Der große Anschlag des französischen Volkes, sowohl die christliche Religion abzuschaffen wie auch die ererbten Gewichte und Maße aller Nationen, und sein Versuch, die erstere durch eine Anbetung der Philosophie zu ersetzen und die letzteren durch ein System, das allein an den Umfang der Erde gebunden ist und das die Sieben-Tage-Woche verdrängen will, ist erst siebzig Jahre alt.«

Die Bemühungen, das metrische System einzuführen, waren nach Piazzi Smyth' Urteil nur ein weiteres Mittel, mit dem die Reichen die Armen ausbeuten konnten. Metrische Maße, so führte er aus, waren viel besser geeignet, große Mengen zu berechnen, und welchen Nutzen – außer Verwirrung zu stiften – konnten sie denen bringen, die wenig besaßen?

1877 hatten Piazzi Smyth' Offenbarungen Proselyten in Amerika gewonnen. Clinton Colegrove aus Sardinia, New York, dem

Teil des Staates, der durch religiöse Erweckungen so leicht zu entzünden war, daß man ihn den »Überflammungsdistrikt« nannte, veröffentlichte ein Buch mit dem Titel *Die Wahrheit und Macht der Großen Pyramide, in ihrer Beziehung zur Schrift und Wissenschaft, ans Licht gebracht durch die wundervollen Entdeckungen der jüngsten Zeiten*, um seinen Landsleuten die frohe Botschaft zu bringen und ihnen zu berichten, daß das Monument »durch direkte und wunderbare Inspiration erbaut« worden sei. Etwas weniger als ein Jahrhundert später wurden viele der von Piazzi Smyth entliehenen Zeugnisse als Beweis dafür zitiert, daß antike Astronauten für die Urheberschaft verantwortlich waren.

Piazzi Smyth, der seine wissenschaftliche Reputation für die Sache einsetzte und Taylors Thesen auf einen einzelnen handlichen Band reduzierte, erschloß mit der Veröffentlichung von *Our Inheritance* 1864 einen Massenmarkt. Bereits 1880 hatte das Buch seine dritte Auflage erreicht. Es ist keine Frage, daß es eine erhebliche Rolle bei der Entscheidung Großbritanniens und der Vereinigten Staaten spielte, die Übernahme des metrischen Systems abzulehnen.

Eine weitere Folge war die Gründung des *International Institute for Preserving and Perfecting Hereditary Weights and Measures* in Boston 1879. Fünf Jahre später, als die Organisation beschloß, 100000 Dollar zur Verfügung zu stellen, um eine Expedition nach Ägypten auszurüsten, die die Große Pyramide neu vermessen sollte, sagte ihr Präsident dem Reporter der *New York Times*: »Jedes Land, das von der Napoleonischen Dynastie besiegt worden ist... hat dieses französische Maß übernommen, und die einzigen großen Länder der Welt, die sich ihm heute noch widersetzen, sind die beiden der angelsächsischen Rasse und das Kaiserreich Rußland...« Nachträglich sollte natürlich das von dem Philosophen Rousseau entworfene Maßsystem erreichen, was dem Soldaten Napoleon nicht gelungen war: festen Fuß in Moskau zu fassen.

In den achtziger Jahren war die Wirkung der Theorien Taylors und Piazzi Smyth' in den USA so stark geworden, daß sie Dr. F. A. P. Barnard, Präsident des Columbia College in New York und der American Metrological Society, bewogen, eine scharfe Gegenattacke in sehr boshafter Form zu starten:

> Es scheint etwas Absurdes darin zu liegen, einem Mann in der Lage, in der sich Noah zu jener Zeit befand – knapp einer so schrecklichen Katastrophe entronnen wie der Vernichtung des ganzen Menschengeschlechtes mit Ausnahme seiner engsten Familie –, es liegt etwas an Erhabenheit Grenzendes in der Absurdität, einem Mann in so ausweglosen Verhältnissen – ohne Gefährten, hilflos, fast allein mit der Aufgabe konfrontiert, den Kampf um die Existenz inmitten der Trümmer einer zerschlagenen Welt neu zu beginnen –, einem solchen Mann ein so wildes, so zyklopenhaftes, so beinahe stupididiotisches Unternehmen zuzuschreiben wie das, einen Haufen Felsbrocken mit einem Volumen von eineinhalb Millionen Kubikyards aufzutürmen...

In demselben Jahr sprach ein anderer amerikanischer Skeptiker, der Rechtsanwalt Van Duren Denslow, die Hoffnung aus, daß durch die Entzifferung des Steins von Rosette die Gelehrten »beweisen (könnten), daß die Ägypter in etwa so idiotisch gewesen seien, wie eine intelligente Rasse das zu werden vermöchte«, und brachte damit die Kontroverse zu einem Ende.

Piazzi Smyth hatte sich intuitiv aus der Feuerlinie abgesetzt, als er statt des Moses den Melchisedech als Baumeister favorisierte. Er behauptete, daß dieser König von Salem, der in der *Genesis* erwähnt wird, eine frühere Inkarnation Christi und einer der von Manetho erwähnten Hyksos-Könige gewesen sei. Diese hatten, wie er glaubte, ihr Volk aus der Zerstreuung nach dem Sturz des Turms von Babel nach Ägypten geführt.

Er erklärte ihre weiteren Geschicke sehr einfach damit, daß sie durch einen Prozeß evolutionärer Anpassung sich zu den modernen Ägyptern entwickelt hatten, ein Prozeß, der selbst Darwin in Erstaunen versetzt hätte.

> ... Die Ägypter ... waren erst kurze Zeit vor dem Beginn des Baus der Großen Pyramide aus den Ebenen Mesopotamiens in Ägypten angekommen... Sie besaßen die gedrungene, stämmige Körperform der Assyrer. Sie verwandelten sich in der vergleichsweise kurzen Zeit von zwei oder drei Dynastien in die schlanken, schmalgliedrigen Ägypter der späteren Zeit...

Aber an einem anderen Punkt konnte Barnard mit noch größerem Erfolg ansetzen. Er hatte die Achillesferse Piazzi Smyth' entdeckt. Als der schottische Astronom *Our Inheritance* vollendet hatte, segelte er nach Ägypten, um Howard Vyses Daten vier Monate lang zu überprüfen. Aus Gründen, die Piazzi Smyth niemals erklärte, vermied er es – wie Barnard behauptete – sorgfältig, eine Schlüsselmessung durchzuführen: die Basislinie, die in seiner Beweisführung eine so große Rolle spielte. Während er dort war, kam eine andere Expedition an, um eigene Messungen vorzunehmen. Als sie gewissenhaft die Länge der Basislinie vermaßen und Abweichungen von Howard Vyses Zahlen feststellten, tat Piazzi Smyth ihre Feststellungen leichthin ab. Aber, so warf ihm Barnard vor, er machte niemals eine Gegenprobe.

Piazzi Smyth' Empfindlichkeit in diesem Punkt hatte sich schon in England gezeigt. 1873 hatte Royal Engineers Colonel Sir Henry James, Generaldirektor des Ordnance Survey, einen Artikel in den *Proceedings* der Royal Society veröffentlicht, in dem er die Berechnungen Piazzi Smyth' mit Hilfe von Daten einer neuen Vermessung angriff, die er selbst geleitet hatte. Piazzi Smyth' Verteidigung der Zahlen Howard Vyses wurde von der Gesellschaft nicht zur Veröffentlichung zugelassen. Smyth resignierte wütend und warf dem Colonel vor, seine Vermessungen seien durch eine »Koalition von reichen Individuen in London und Umgebung« finanziert worden.

In archäologischen Kreisen wird allgemein akzeptiert, daß die definitive Vermessung der Großen Pyramide erst 1880–81 durch Sir W.M. Flinders Petrie durchgeführt wurde. Was Petries Arbeit auszeichnete, war die große Sorgfalt, mit der er sich vergewisserte, daß er die richtigen Dimensionen vermaß, und sich nicht auf die exakte Vermessung irgendwelcher Dimensionen beschränkte. Logischerweise, so demonstriert er in seinem Bericht, hatten frühere Vermessungen der Basislinie – die von Howard Vyse eingeschlossen – alle ungenau sein müssen, weil die Vermesser nicht überprüft hatten, wo tatsächlich die Ecken zur Zeit des Baus der Pyramide gewesen waren.

Im Mittelalter wurden die Mantelsteine, mit denen man das Äußere der Pyramide geglättet hatte, abgetragen, um Kairo nach einem Erdbeben wieder aufzubauen. Petrie zeigte, daß diese Steine nicht, wie man bisher geglaubt hatte, bis zu den Außenkanten der Ecksockel gereicht hatten. Daher war die Basislinie um 71 Zoll kürzer, als Howard Vyse berechnet hatte. »Folglich«, schrieb Petrie mit deutlicher Anspielung auf Piazzi Smyth, »war alles Theoretisieren über die Repräsentation der Jahrestage ein völliger Irrtum.« Petrie führte weiter aus, daß man bei einer so komplexen Struktur so gut wie alles beweisen könne, wenn man genügend Maße nehme und sie je nach Bedarf auswähle.

Piazzi Smyth lehnte Petrie, der allgemein als größter Ägyptologe anerkannt war, als »einen smarten jungen Wissenschaftler, finanziell unabhängig und ohne berufliche Tätigkeit« ab und fügte hinzu: »Seine intuitive Geschicklichkeit, kleinste Irrtümer im Werk der alten Pyramidenbauer aufzudecken, ist clever, clever, oh! Äußerst clever.«

Welche Fehler Petrie auch besessen haben mag, er hatte keine Illusion über die Wirkungen der revidierten Maße auf seine von der Großen Pyramide besessenen Zeitgenossen. »Die phantastischen Theorien werden jedoch immer noch ausgestreut, und die Theoretiker behaupten immer noch, daß die Fakten ihren Forderungen entsprechen. Es ist nutzlos, die wirklichen Tatsachen zu erklären, denn das hat keine Wirkung auf diejenigen, die dieser Art von Halluzination verfallen sind.«

Als Antwort auf diese Attacken versuchten amerikanische Anhänger Piazzi Smyth' ohne Erfolg, eine neue Ägypten-Expedition auszurüsten, um weitere Messungen durchzuführen. Noch 1932 gab es Leute, die bereit waren, sich für den königlichen Astronomen zu schlagen. Eine englische Parteigängerin veröffentlichte in jenem Jahr ein Buch, in dem sie behauptete, daß Hieroglyphen, die die Große Pyramide als Werk der Ägypter bezeichneten, von den Priestern als Täuschungsmanöver benutzt worden seien, um die wirkliche Identität des Baumeisters zu verschleiern.

Piazzi Smyth' Empfindlichkeit gegen Angriffe wird besser verständlich, wenn man in Betracht zieht, daß es ihm in dieser Zeit um sehr viel mehr ging als um die Verteidigung der Taylorschen Theorien. Ohne daß er seinem alten Meister deshalb untreu geworden wäre, hatte er sich jetzt eine neue Theorie zu eigen gemacht. Seine Berechnungen, vor allem seine Feststellung, daß der Erbauer der Pyramide das Sonnenjahr gekannt hatte, dienten nun einem erhabeneren Ziel als der bloßen Verteidigung des angelsächsischen Systems von Maßen und Gewichten.

4

Die Pyramiden-Prophezeiung

Als guter Calvinist war Piazzi Smyth mit der Lehre von einer begrenzten Sühne aufgewachsen – dem Glauben, daß die Gnade, die den Menschen durch Christi Übernahme der Last seiner Sünden verliehen worden ist, zu einem bestimmten Zeitpunkt erschöpft sein muß. Deshalb machten die Theorien seines schottischen Landsmanns Robert Menzies, die im Jahre 1865 veröffentlicht wurden, großen Eindruck auf ihn, besonders weil sie sich ebenfalls um die Große Pyramide drehten.

Menzies war – wahrscheinlich von Mas'udi inspiriert – zu der Schlußfolgerung gekommen, daß die Gänge in den Pyramiden eine prophetische Chronik seien, die eine Botschaft für den modernen Menschen enthalte und die Wiederkunft des Herrn vorhersage. Menzies war überzeugt, daß ein Zoll in der Länge der Gänge einem Jahr in den biblischen Prophezeiungen entspreche. Variationen in der Höhe zeigten den Stand der menschlichen Verhältnisse zu einem bestimmten Zeitpunkt an.

Das öffnete dem königlichen Astronomen ein ganz neues Feld der Spekulation, und er machte sich gleich mit Feder und Schreibblock ans Werk. Piazzi Smyth entdeckte bald, daß er, wenn seine Interpretationen richtig waren, im rechten Glauben aufgewachsen war, denn Gott, so stellte sich heraus, war ebenfalls Calvinist.

Er schrieb: »Wenn man die Bibel gründlich studiert, zeigt sie, daß er (Christus) dieser Welt von Beginn bis zum Ende eine Frist gesetzt hat, eine Frist, die früher beendet sein kann, als die meisten Menschen erwarten, und die im südlichen Wall (der Großen Galerie) sich drohend zeigt.« Dr. Barnard versuchte später anhand der Smyth'schen Vermessungen zu beweisen, daß alle Sünden, die seit dem Ende des Jahres 1882 begangen wurden, auf unser Haupt gekommen sind. Und es dürften ihm wohl viele zugestimmt haben, daß es zumindest diesen Anschein hatte.

Piazzi Smyth schrieb ein Buch, in dem er diese Theorien erläuterte. In recht langatmigen Ausführungen vertrat er die These, daß das britische Volk von den Pyramidenbauern abstamme. Er zitierte einen John Wilson, Autor von *Our Israelitish Origin* (Unsere Abstammung von den Israeliten): »Die Grundzüge der englischen Sprache dürften in einem bemerkenswerten Ausmaß im Hebräischen zu finden sein.« Die Angelsachsen waren also nicht, wie das ein jüdischer Schriftsteller kurze Zeit vorher herausgefunden zu haben glaubte, erst in jüngerer Zeit aus den Schlammlöchern der germanischen Wälder aufgetauchte nordländische Wilde, sondern eine Rasse, die schon in alten Zeiten sittlich und zivilisatorisch auf hoher Stufe stehend in einem Lande gelebt hatte, das nach Meinung der Ethnologen südlich und östlich des jetzt von ihnen besiedelten Gebietes lag...

Leider versäumte Piazzi Smyth – ein Fehler, der so oft bei den Pyramidologen und ihren Nachfolgern festzustellen ist –, die Namen der Ethnologen zu nennen, auf die er sich stützt. Sicher ist jedoch, daß sie nicht die herrschende Meinung dieser Zunft vertraten.

Piazzi Smyth' Hauptproblem bei der Interpretation der in den Gängen der Großen Pyramide verborgenen Botschaft bestand darin, die Abmessungen mit denen der Bibel zu koordinieren. Es genügte nicht, zu wissen, daß ein Zoll einem Jahr entsprach; es war wesentlich, einen Punkt zu finden, an dem man beides genau zusammenführen konnte. Nur mit Hilfe dieses Schlüssels würde es möglich sein, den Weg durch die Zeit zu verfolgen, bis sich schließlich die Zukunft enthüllen würde – was ja schließlich der Zweck von Prophezeiungen ist.

Glücklicherweise hatte Menzies auch darüber nachgedacht und die Vermutung geäußert, daß Christi Sühnewerk für die Menschheit durch den Absatz symbolisiert werde, an dem der aufsteigende Gang in die Große Galerie mündet. Piazzi Smyth und nach ihm andere Pyramidologen haben diese Interpretation akzeptiert, aber leider war das nur eine Teillösung. Eine »Feinabstimmung« machte eine Antwort auf eine andere Frage notwendig: Wann hatte das Erlösungswerk begonnen? In dieser Sache drückte sich das Neue Testament nicht klar aus.

Piazzi Smyth schloß sich vorbehaltlos der Meinung Menzies' an, daß es im Augenblick der Geburt Christi begonnen hatte. Andere Pyramidologen lehnten diese Theorie ab. 1881 verkündete der Reverend Commander L. G. A. Roberts seine These, daß die Erlösung mit Christi Auferstehung wirksam geworden sei. Damit wären Piazzi Smyth' Berechnungen falsch gewesen – um dreißig Jahre. Ein gefährliches Schisma zeichnete sich ab. Der Reverend Commander besuchte den Astronom Royal, um ihn für seine Ansicht zu gewinnen, aber Piazzi Smyth blieb Menzies gegenüber loyal. Es wäre vielleicht bequemer gewesen, sich nicht an nur einen Meister zu binden, aber Piazzi Smyth war nicht wankelmütig – Theorien mußten kompatibel sein. Nichts in dieser neuen Frage widersprach den Thesen Taylors.

Roberts war der erste Dissident, aber 1905 trat Colonel J. Gardner mit der Behauptung auf den Plan, die Erlösung habe mit der Kreuzigung Christi begonnen. Das bedeute eine Disparität von nur drei Tagen gegenüber Roberts' Interpretation.

Ein anderes Datierungsproblem, das damals noch nicht erkannt wurde, war viel problematischer. Piazzi Smyth und seine Nachfolger legten ihren Berechnungen das Sonnenjahr mit 366 Tagen zugrunde. Das mochte in Anbetracht seiner Interpretation der Dimensionen der Pyramide logisch sein, aber er übersah die Tatsache, daß die biblischen Prophezeiungen auf der Basis eines Mondjahres mit 354 Tagen aufbauten. Wenn man keinen Weg fand, die Zwölf-Tage-Differenz auszugleichen, würde die kumulierte Abweichung in der Zeit von Christi Geburt bis heute annähernd sechzig Jahre betragen. Angenommen, Menzies' Theorie war im Prinzip richtig, dann konnte diese Differenz manche der Probleme erklären, mit denen spätere Pyramidologen konfrontiert waren, wenn sie versuchten, die Zukunft vorherzusagen.

Aber das Problem selbst war etwas, was diese Propheten nicht vorhersahen und das deshalb den Enthusiasmus von Piazzi Smyth' zahlreichen Lesern diesseits und jenseits des Atlantik nicht beeinträchtigte. Typisch für das Echo auf seine neuesten Enthüllungen war die Erkenntnis John Barnes Schmalz', daß das moderne Kartenspiel ein wissenschaftliches Protokoll der Großen Pyramide war. In *Nuggets from King Solomon's Mine* (Nuggets aus König Salomons Mine) führte Schmalz seine Pyramidologie-Freunde durch den Kartenstock und zeigte Karte für Karte ihre Bedeutung auf. Der Kreuz-König zum Beispiel repräsentierte die Königskammer.

Den Höhepunkt erreichte die Pyramidologie-Bewegung 1924 mit der Veröffentlichung des Buches *The Great Pyramid: Its Divine Message* (Die Große Pyramide: Ihre göttliche Botschaft). Es war im wesentlichen ein Werk des englischen Bauingenieurs David Davidson. Es brachte ihm den Ehrentitel des rechtmäßigen Erben Piazzi Smyth' ein und erregte einen Sturm der Begeisterung bei allen, die auf ihre angelsächsische Abstammung stolz waren.

Von Piazzi Smyth' Standpunkt aus mußte man Davidson eigentlich als Häretiker betrachten, denn er ging von Roberts' System aus, das die Erlösung mit der Auferstehung beginnen ließ. Aber das verblaßte zur Bedeutungslosigkeit, denn Davidson schien wirklich Resultate zu bringen. Mit einigen anderen leichten Modifizierungen der Menzies-Piazzi-Smyth-Techniken bewies der Ingenieur, daß die Große Pyramide Voraussagen des Beginns und des Endes des Ersten Weltkriegs enthielt. Offenbar war man jetzt der genauen Voraussage der Zukunft ganz nahe gekommen.

Davids Buch wurde vor allem deshalb mit großer Begeisterung aufgenommen, weil er Piazzi Smyth' Theorie dahingehend erweitert hatte, daß die Botschaft der Großen Pyramide speziell an die Angelsachsen, genauer an die in Großbritannien und den Vereinigten Staaten gerichtet war. Und er ließ keinen Zweifel daran, daß sie einer goldenen Zukunft entgegen gingen. Mit den Konfigurationen der Großen Pyramide vermochte er zu beweisen, daß Gott vor Jahrhunderten seinen Bund mit den Juden aufgekündigt und den Titel des »auserwählten« Volkes auf die englischsprechenden Völker übertragen hatte. Symbolisch wird das durch den Punkt repräsentiert, an dem der aufsteigende Gang sich in die weiter aufsteigende Galerie mit ihrer hochragenden Decke und den horizontalen Gang, der zu der Kammer des Königs führt, aufteilt. Die Angelsachsen zogen auf der »hohen Straße«, und die Juden auf der »niederen Straße«.

In Davidsons Schöpfungskonzept war kein Platz für Darwin. Die *Genesis* war intakt, aber sie war in den früheren Zeiten in kläglicher Weise von den Theologen falsch interpretiert worden, die nicht erkannt hatten, wie entscheidend die Große Pyramide für das Verständnis der *Genesis* war.

Tatsächlich befaßte sich nach Davidsons Meinung die Bibel nicht mit dem Ursprung der ganzen Menschheit, sondern spezifisch nur mit einer Linie, die der Allmächtige für seine Ziele erwählt hatte. Diese Familie war in zwei Gruppen unterteilt: das Haus Juda, das Volk, das wir als die Juden kennen, und die Israeliten, die »verlorenen Stämme«, aus denen schließlich die Angelsachsen hervorgingen. Der Rest der Menschheit bestand aus den Heiden.

Die Prophezeiungen in der Großen Pyramide, schrieb Davidson, waren nicht spezifisch an Angelsachsen gerichtet, sondern auch für jeden anderen unverständlich. Da das Buch in der Zeit zwischen den beiden Weltkriegen erschien, könnte man geneigt sein, Davidson des Antisemitismus zu verdächtigen. Aber es wäre ein Irrtum, in seinen Ideen hitlerische Rassendoktrinen erkennen zu wollen. Blut hatte mit dem allem nichts zu tun. Davidson war ein religiöser Chauvinist. Tatsächlich sagte er, daß die Juden fähig sein würden, die Botschaft zu erkennen, *wenn sie*

Christus annähmen. »Heiden« dagegen standen außerhalb der Grenze, ob sie Christen waren oder nicht.

Aber Davidson läßt keinen Zweifel daran, an wen Seine Botschaft gerichtet ist. Da war nicht nur die Freude des Angelsachsen, bestätigt zu finden, daß er tatsächlich – wie er immer vermutet hatte – ein außergewöhnlicher Mensch war, da war auch die zusätzliche Verheißung, daß die guten Zeiten jetzt begannen. Es wurde deutlich signalisiert, als die Briten das Heilige Land im Ersten Weltkrieg von den ungläubigen Türken befreiten.

Nichts demonstriert besser die Wirkungen dieser Doktrin als ein zu dieser Zeit erschienener Roman *The Romance and Prophecies of the Great Pyramid* (Die abenteuerliche Geschichte und die Prophezeiungen der Großen Pyramide geschrieben von Genevieve Behrend. Pauline, eine Mathematiklehrerin (und daher eine gelehrige Schülerin der »Numerica« in Davidsons Interpretationen), besucht Ägypten und trifft auf dem Wege zur Großen Pyramide mit einer Gruppe von Touristen zusammen.

In der Königskammer erklärt einer von ihnen, Mr. Lewis, warum er und sein Freund von dieser Reise besonders bewegt seien. Lewis und »Doc« betrachten sich, so scheint es, als Abkömmlinge des Stammes Manasse, weil sie Amerikaner sind (die Briten gehören dem Stamm Ephraim an). Nachdem Pauline darüber nachgedacht hat, erwidert sie: »Irgendwie, Mr. Lewis, klingt dieser Gedanke tief in mir, wo das Wissen des Einen, der ewig lebt, verborgen ist, wahr... Ich würde es als eine große Ehre betrachten, wenn ich entdecken könnte, daß auch nur ein Tropfen Blut von dem der Hirtenkönige durch meine Adern pulst. Denn sie waren wirklich der genialste Stamm, der je auf Erden gelebt hat.«

Die Metamorphose der Stämme Ephraim und Manasse in Angelsachsen war der Stoff für eine Flut von Büchern in den dreißiger Jahren. In *The House of Glory* (Das Haus der Glorie) ließ der amerikanische Autor Worth Smith sie nach Südosteuropa wandern, wo sie den Griechen als Sakai bekannt waren (ein Volk, das konventionelle Wissenschaftler hartnäckig als indo-iranische Nomaden aus der asiatischen Steppe klassifizieren). Die Griechen, schrieb Smith, gaben den Manassiten den Namen Angai und den Ephraimiten den Namen Aiglai, woraus sich später ein Mischname für die verlorenen Stämme entwickelte: Englai, Anglai, Angli oder Angeln.

Leider teilte auch Smith nicht die Quelle seiner Information mit. Und er sagte auch nicht, auf welche Autorität sich seine »definitive Kenntnis« stützte, daß eine Gruppe aus dem engsten Jüngerkreis Jesu – unter ihnen Lazarus, Maria Magdalena, Martha und Joseph von Arimathäa – unmittelbar nach der Kreuzigung nach Irland gezogen war.

Bis 1958 hatte sich dieses interessante Stück ethnischer Geschichte so weit herumgesprochen, daß ein südafrikanischer Schriftsteller, W. G. (Pie) Collect, es als Beweis für die Richtigkeit der Apartheidspolitik wertete. In *Yuaa und I* (Yuaa und ich) behauptete Collect, die Große Pyramide zeige, daß alles zu erreichen sei, wenn angelsächsische Gehirne und schwarze (ägyptische) Muskeln sich zusammentun.

Collect hatte übrigens eine etwas andere Erklärung für den Namen »Angel«. Nach seiner Theorie ist das englische Cornwall eine Verkürzung von »Cornerwall«, ein Name, den in vorchristlicher Zeit diejenigen für sich beanspruchten, die die unmittelbar bevorstehende Ankunft des Messias erwarteten, des »Steins, den die Bauleute verwarfen und der zum Eckstein wurde«. Angle und Corner (Ecke) waren Synonyme.

Davidsons Theorien bezüglich der Pyramide selbst enthielten sich solcher ausschweifenden Spekulationen. Numerische Beziehungen waren Teil der mathematischen Disziplin, etwas, was über das Begriffsvermögen des durchschnittlichen Laien hinausging.

Für Davidson war die Große Pyramide nichts anderes als eine geometrische Aussage. In mathematischen Termini drückte sie die fundamentale wissenschaftliche Theorie einer alten Kultur aus, die es verstanden hatte, ihre umfassende Kenntnis der Naturgesetze auf eine einzige Formel zu reduzieren, vergleichbar etwa mit Einsteins Relativitätstheorie. Sie war eine Botschaft, eine göttliche Offenbarung an die Wissenschaftler, die in der Zeit zwischen 1558 und 2045 n. Chr. lebten, dem Nadir der Religion.

Auf den größten Teil dieser Periode ließ sich das allgemeine Maßsystem anwenden – ein Pyramidenzoll je Sonnenjahr –, aber für die entscheidenden Jahre zwischen August 1909 und August 1953 galt ein Spezialsystem, das einen Pyramidenzoll auf einen Monat rechnete.

Das Ablaufdatum, der Zeitpunkt, zu dem die biblischen Prophezeiungen ihr Ende fanden, würde das Jahr 2045 sein, die Ankunft der menschlichen Geschichte in der Königskammer. An einem nicht genau spezifizierbaren Punkt, der vor oder an dieser Grenzlinie liegt, würde die Wiederkunft des Herrn stattfinden.

Der Prophezeiungszeitraum begann um 4000 v. Chr., symbolisch dargestellt durch den äußeren Zutritt zum absteigenden Gang. Von da an folgte die Menschheit einem abwärts führenden Weg, bis einige gute Menschen den Wegen Gottes folgend in den aufsteigenden Gang abbogen. Die Große Galerie war natürlich die Periode der Erlösung durch Christus. Die Vorkammer zwischen ihr und der Königskammer repräsentierte eine Zeit des Chaos, die am Tag des Gerichts in der Kammer selbst unmittelbar vorausging.

Nachdem diese Grundregeln festgelegt waren, machte sich Davidson beherzt daran, die Zukunft unter die Lupe zu nehmen. Von einem prophetisch günstigen Punkt im Jahre 1924 aus sagte er bedeutsame Ereignisse für die Zeit zwischen Mai 1928 und September 1936 voraus. Es werde ein Krieg ausbrechen, der in einem Harmageddon ende und in dem Anbruch eines neuen Zeitalters, in dem es keine Zwietracht mehr gebe. Davidson und seine Schüler (einer von ihnen, Basil Stewart, schrieb tatsächlich unter dem Pseudonym »Discipulus«, was ihm eine lobende Einführung durch den Meister einbrachte) sahen Deutschland und

Rußland gegen die Alliierten unter der Führung Englands und der USA antreten.

Diese Periode würde abgelöst werden – vom 16. September 1936 bis 20. August 1953 – durch eine »Periode des Gerichts« und eine Rückkehr in die »Sphäre des göttlichen Zentrums«, in welcher die englischsprechenden Völker und ihre Verbündeten ihre Probleme meistern und ihre Feinde durch göttliche Intervention besiegen würden.

Als der Tag näher kam, an dem Davidsons Prophezeiungen ihren Test bestehen mußten, verschaffte er sich, was menschlich verständlich ist, ein Schlupfloch. Zynismus wäre hier unangebracht. Waren die ersten Flieger Feiglinge, weil sie die Erfindung des Fallschirms begrüßten?

Wie dem auch sei, die 1927 erschienene Ausgabe von Davidsons Buch enthielt ein Vorwort eines seiner Apostel, das Kritiker warnte, sich voreilig auf scheinbare Irrtümer zu stürzen. Der Kern dieser Botschaft: Individuelle Details seien ohne wirkliche Bedeutung, denn weder bewiesen noch widerlegten sie die entscheidende These, daß nämlich die Große Pyramide eine göttliche Offenbarung sei, die die Wiederkunft Christi signalisiere. In der Tat, so führte der Verfasser aus, mußte die Möglichkeit eingeräumt werden, daß Gott dem Menschen keine zu genaue Kenntnis der zukünftigen Dinge geben wollte. Mit anderen Worten: Gott – nicht Davidson – war für alle Irrtümer in den Prophezeiungen bis 2045 n. Chr. verantwortlich zu machen. Erst danach würde der Prophet haftbar sein.

Es zeigte sich natürlich, daß Davidson recht daran getan hatte, sich entsprechend vorzubereiten, denn die Ereignisse traten durchaus nicht so ein, wie er es vorausgesagt hatte. Rückblickend konnte Davidson in den späten dreißiger Jahren allerdings darauf hinweisen, daß die Irrtümer weniger bedeutsam gewesen waren, als es zunächst den Anschein hatte. Obwohl er die Depression mit dem Zweiten Weltkrieg verwechselt haben mochte – der Zeitfaktor war offensichtlich exakt.

Einige seiner Schüler kämpften jedoch bis zum letzten Augenblick und weigerten sich, auch nur die Möglichkeit eines Irrtums einzugestehen. Noch 1932 warnte Walter Wynn die Briten, sie müßten sich rechtzeitig vor dem bevorstehenden Harmageddon auf eine Invasion des Heiligen Landes durch die Russen vorbereiten. Und die amerikanischen Pyramidologen Frederick Haberman und Reverend William Harper hielten unerschütterlich an der Verheißung fest, daß das »Reich des Himmels auf Erden« im Jahre 1936 anbrechen werde.

Was statt desssen in der Welt sich ereignete, waren der Bürgerkrieg in Spanien, die deutsche Wiederbesetzung des Rheinlands, die Eroberung Äthiopiens durch Italien und Franklin Roosevelts Wiederwahl zum Präsidenten. In Guthrie, Oklahoma, verschob der Pyramidologe Bruce Corwin widerwillig Harmageddon auf spätestens 1944.

Frederick Haberman, der eine schier unerschöpfliche Flut von Büchern und Pamphleten von St. Petersburg in Florida aus auf die Welt losließ, war unzweifelhaft der beredteste und unerschütterlichste Sprecher der Pyramidologen aus dem Stamme Manasse. Mit einem Seufzer der Erleichterung – kann man vermuten – nahm er die Bestätigung seines so lange treu verteidigten Glaubens durch den Zweiten Weltkrieg auf. 1940 brachte er den Titel heraus: *Armageddon Has Come* (Harmageddon ist da).

Als selbstverständlich wurde in Davidsons Buch vorausgesetzt, daß die Wissenschaft für den Verfall der Religion seit der Renaissance verantwortlich war. Aus welchem Grund war die Botschaft der Großen Pyramide speziell an die Wissenschaftler gerichtet? Zum erstenmal wurde eine antiwissenschaftliche Tendenz in der Glaubenslehre der Pyramidologen spürbar. Davidson sprach nie ausdrücklich von den Freveln der Wissenschaftler, wahrscheinlich weil er voraussetzen konnte, daß seine Leser keine Erläuterungen dazu brauchten. Nur für den Fall, daß einige doch uneinsichtig sein könnten, gab er in *Armageddon Has Come* eine Stellungnahme ab.

> Der alte Turm von Babel stürzte zusammen, weil seine Erbauer Gott leugneten. Der neue Turm von Babel fällt, weil auch seine Erbauer ohne den Herrn bauten – Sein Wort, wie es im Alten und Neuen Testament enthalten ist, für ungültig erklärten. Und weil sie, statt Seinen Aussagen über ihre Erschaffung und Berufung Glauben zu schenken, es vorzogen, an unbewiesene Entwicklungstheorien zu glauben.

Der antiwissenschaftliche Hang, der sich in der Pyramidologie entwickelte, war seiner Natur nach spezifisch religiös; tatsächlich war er allerdings noch enger begrenzt. Die angelsächsische Komponente war eher sektiererisch als nationalistisch. Sie beschränkte den Einfluß und die Anziehungskraft der Bewegung auf gewisse protestantische Sekten englischen Ursprungs. Diese repräsentierten allerdings die herrschenden Gruppen der englischsprechenden Nationen.

Mit dem Niedergang der Pyramidologie verlor die Große Pyramide ihre Assoziation mit der konventionellen Religion. Bei denen, die die Erklärungen des Establishments für dieses Monument ablehnen, ist die Hauptsünde der Wissenschaft nicht länger die Verunglimpfung der *Genesis*. Aber es gibt noch, wie wir sehen werden, seltsame Echowirkungen.

Obwohl Davidsons Bewegung nicht völlig zugrunde ging, wurde sie in der Folge des Zweiten Weltkriegs stark angeschlagen. Streit und Hader, in erheblichem Maße ein Resultat des sich ausbreitenden Nationalismus in den ehemaligen Kolonialgebieten und der Manöver des Kalten Krieges zwischen den Großmächten, waren zu sehr an der Tagesordnung, als daß man sich Illusionen darüber hätte machen können, der Zweite Weltkrieg sei Harmageddon gewesen. Im Juli 1953, als Dwight D. Eisenhower den Waffenstillstandsvertrag mit Korea unterzeichnete, kam niemand auf den Gedanken, er signalisiere den Triumph der angelsächsischen Völker.

Aber es gab noch immer Fanatiker auf der Suche nach neuen

Erkenntnissen über die Pyramiden. 1946 verkündete ein Mann aus Jersey, wenn man die Numerica des Behälters in der Königskammer mit Piazzi Smyth' Zahlen vergleiche, stoße man auf einen Schatz ganz neuer Prophezeiungen.

Doch den Preis für scharfsinnige Anwendung numerischer Beziehungen verdient wohl Kenneth Larson aus Los Angeles, der 1968 privat *The Discovery of the Graphic Message of Goodhue* (Die Entdeckung der graphischen Botschaft von Goodhue veröffentlichte. Bei der Betrachtung von Sphinxstatuen und eines Wandbildes der Großen Pyramide in der 1935 erbauten Central Public Library von Los Angeles wurde Larson von der Idee überwältigt, der Architekt habe Prophezeiungen in seine Zeichnung eingebaut. Unter den Voraussagen, die Larson interpretierte, waren die Erscheinungen von Ufos im Jahre 1947 auf Mt. Rainier, Seattle, und in Salt Lake City. Mit prophetischer Kühnheit nannte er sie »Fahrzeuge Gottes«. Gleichzeitig mit Larsons Buch erschien in Deutschland ein Buch mit dem Titel *Erinnerungen an die Zukunft*, das auch in Amerika ein Bestseller wurde. Sein Autor ist Erich von Däniken.

Die Bewegung, die Piazzi Smyth als Hoherpriester Menzies' ins Leben gerufen hatte, kann allein aufgrund ihrer Langlebigkeit für sich in Anspruch nehmen, bei der unkonventionellen Enträtselung der Geheimnisse der Großen Pyramide an der Spitze zu stehen. Obwohl die religiösen Postulate der Pyramidologie von ihren Nachfolgern, die jetzt die Phänomene der Pyramidenenergie erforschen, weithin aufgegeben worden sind, ist es kaum überraschend, daß die Entdeckungen dieser Pioniere immer noch einen großen Raum in jedem Buch einnehmen, das sich mit irgendwelchen Aspekten der Geheimnisse der Pyramiden befaßt.

Was war das Ziel der Pyramidologie, das ihr solche Ausdauer verlieh? Adam Rutherford vom Institute of Pyramidology in England beschrieb es 1961 so:

»Pyramidologie ist die Wissenschaft, die Wissenschaft und Religion koordiniert, kombiniert und einigt. Sie ist der Punkt, an dem sich beide treffen. Wenn die Große Pyramide richtig verstanden und universal begriffen wird, werden falsche Religionen und irrige wissenschaftliche Theorien gleichermaßen verschwinden, und man wird erkennen, daß echte Religion und echte Wissenschaft miteinander harmonieren.«

5
Die versunkene Insel

Reverend Maurice hatte nicht nur den Instinkt eines christlichen Wachhundes, abgerichtet auf das Aufspüren der Sünde, als er die Pyramiden von Ägypten und Amerika ebenso wie verwandte Bauwerke in Indien und China einem gemeinsamen Urheber – in diesem Falle Satan – zuschrieb. Durch die Verbindung, die er zwischen ihnen herstellte, reihte er sich in die Kategorie der »Kulturdiffusionisten« ein, jener weitverbreiteten Schule, die behauptet, daß jede menschliche Institution eine einmalige Schöpfung sei. Das Erscheinen eines bestimmten Phänomens an geographisch weit voneinander entfernten Orten sei daher automatisch ein Beweis, daß die Idee von dem einen Punkt zu dem anderen übergesprungen ist, oder auch zu jedem von beiden von einem anderen Punkt.

Die meisten Archäologen und Anthropologen sind nicht so doktrinär, obwohl sie bereit sind, Kontakte zwischen verschiedenen Kulturen als Erklärung für Ähnlichkeiten anzunehmen – wenn gute Beweise dafür vorliegen. Sie lehnen aber auch nicht die Idee einer unabhängigen Erfindung ab, weil sie glauben, daß der menschliche Geist überall dazu neigt, nach parallelen Linien zu arbeiten, und daß gleiche Probleme die Tendenz haben, gleiche Lösungen zu produzieren.

Der Fortschritt einer Zivilisation von einer Jäger-Sammler-Wirtschaft zum Ackerbau würde daher wahrscheinlich in der Entwicklung von Werkzeugen und Geräten resultieren, die denen einer anderen Zivilisation ähnlich sind, die den gleichen Sprung gemacht hat, gleichgültig, wo dieser stattfand, wenn die Bedingungen nur einigermaßen gleich sind. In ähnlicher Weise würde die Entwicklung einer städtischen Wirtschaft überall die Evolution gewisser sozialer Formen und städtebaulicher Neuerungen nach sich ziehen, und die Gedanken des Menschen über den Kosmos, ausgedrückt durch die Religion, würden sich überall in ähnlichen Bildern darstellen. Und, was in diesem Fall noch wichtiger ist, Übereinstimmungen in der Interpretation des Universums würden unvermeidlich sein, denn alle Menschen sind den gleichen Naturgesetzen unterworfen.

Für den Kulturdiffusionisten ist diese Betrachtungsweise verpönt. Das Auftreten von Ähnlichkeiten führt automatisch zu der Frage: »Wo liegt der Ursprung?« Und der nächste Schritt ist die Untersuchung, wie die Idee übertragen wurde. Die Suche nach der Antwort kann sich leicht zu einer Zwangsvorstellung entwickeln. Wenn die Wissenschaft die notwendigen Beweise nicht zu erbringen vermag, scheut der Diffusionist nicht vor den verwegensten Konstruktionen zurück. Das beste Beispiel hierfür ist eine Geschichte, die 1864 mit einem französischen Gelehrten, Abbé Charles-Etienne Brasseur de Bourbourg, begann.

In der Bibliothek der Historischen Akademie von Madrid stieß Brasseur auf die gekürzte Ausgabe eines Buches mit dem Titel *Relación de las Cosas de Yucatán* (Bericht über die Verhältnisse in Yucatan), das der spanische Bischof Diego de Landa im 16. Jahrhundert geschrieben hatte. De Landa war zur Zeit der Unterwerfung der Mayas in Mexiko tätig. Die Mayas waren bekanntlich Pyramidenbauer.

De Landa war eine ungewöhnliche Persönlichkeit. Auf der einen Seite scheint er seine Pflicht, die Mayas wegen ihres heidnischen Ursprungs zu verbrennen, durchaus ernstgenommen zu haben, auf der anderen Seite versuchte er, einen Schlüssel zur Entzifferung ihrer Hieroglyphen zu finden (er stellte ein vollständiges Maya-Alphabet auf), obwohl er damit zweifellos den Argwohn der Inquisition erwecken mußte.

Weder de Landa noch drei Jahrhunderte später Brasseur de Bourbourg konnten wissen, daß das Projekt von Anfang an zum Scheitern verurteilt war. Die Methode des Bischofs bestand darin, Ideoglyphen aus den zur Vernichtung bestimmten Handschriften der Mayas zu kopieren und ihnen mit Hilfe gebildeter Mayas die entsprechenden alphabetischen Zeichen zuzuordnen. Das System würde auch nicht besser funktioniert haben, wenn seine widerspenstigen eingeborenen Assistenten die spanische Sprache hätten lesen können. Ideogramme sind Symbole, die einen Gedanken ausdrücken; ein Alphabet hat phonetischen Charakter, es bezeichnet Laute.

Es hat nichts mit Brasseur de Bourbourgs wissenschaftlicher Qualifikation zu tun, daß er dieses Problem nicht erkannt hat. Das Werk de Landas und seiner spanischen Kollegen war so »erfolgreich« gewesen, daß auch im 19. Jahrhundert der Charakter der Mayaschrift noch immer ein Rätsel war. Man versteht daher die Begeisterung, die durch die Annahme ausgelöst wurde, den verlorenen Schlüssel zur Interpretation der wenigen Schriften wiedergefunden zu haben, die nicht den Flammen zum Opfer gefallen waren.

Brasseur de Bourbourg fertigte sich eine Kopie des am besten erhaltenen Codex Tro an und machte sich an die Arbeit der Entschlüsselung. Durch eine beispiellose Komödie von Irrtümern ergab seine Übertragung einen Sinn. Sie wurde die Geschichte einer Insel-Kultur, die durch eine Folge von Katastrophen, Überschwemmungen, Erdbeben und Feuersbrünsten vernichtet worden war. Er leitete ihren Namen von zwei Schriftzeichen ab, die er, allerdings nicht nach de Landas Schlüssel, als Versionen der Ideoglyphen für M und U identifizierte.

Die Geschichte der Zerstörung von Mu erinnerte Brasseur an die Legende vom Untergang der Insel Atlantis. Schon andere vor ihm hatten über die Möglichkeit spekuliert, daß die verlorene Insel ein Bindeglied zischen der Alten und der Neuen Welt gewesen war. Wie sonst hätte man die Existenz der Kultur erklären können, die die Spanier bei den Mayas vorfanden?

Brasseur de Bourbourg hatte die Antwort gefunden: Atlantis! Und die Pyramiden von Yucatán waren die Bestätigung, daß eine Verbindung zwischen Atlantis und Ägypten bestanden hatte.

Was war Atlantis? Die erste uns bekannte Erwähnung findet sich in einer Trilogie, die der griechische Philosoph Platon im Alter von mehr als siebzig Jahren begann und nie vollendete. Der erste Teil, *Timaios*, enthält lediglich eine kurze Erwähnung; die eigentliche Geschichte wird im zweiten Teil, *Kritias*, berichtet. Platon hat sie, als ob er künftige Generationen an der Nase herumführen wollte, in der Mitte fallengelassen und nicht wieder aufgegriffen, sondern sich einem anderen Thema zugewandt.

Die Beweise für die Existenz von Atlantis, die Platon in *Kritias* anführt, gründen sich bestenfalls auf Hörensagen. Kritias erzählt die Geschichte drei Freunden, die ihn in seinem Haus besuchen. Er hat sie im Alter von zehn Jahren von seinem Vater gehört, dem wiederum sein Vater, Dropidos, sie vor achtzig Jahren erzählt hatte. Dropidos soll sie aus erster Hand von seinem Freund Solon gehört haben, dem berühmten Gesetzgeber Athens.

Eine gewisse Skepsis gegenüber den zeitlichen Relationen ist wohl angebracht. Kritias erzählt die Geschichte nach Platons Angaben im Jahre 421 v. Chr. Platon selbst, unsere direkte Quelle, war zu dieser Zeit sechs Jahre alt. Kritias war zehn, als er sie von einem Mann hörte, der sie achtzig Jahre früher erfahren hatte, in einer Zeit, als die Lebenserwartung dort im Durchschnitt bei sechsunddreißig Jahren lag. Doch wollen wir die Möglichkeit, daß es so war, nicht ausschließen.

Die Geschichte geht etwa so: Solon unternahm um 600 v. Chr. eine Reise nach Ägypten. In Saïs rühmte er den Priestern gegenüber das Alter der Stadt Athen. Diese wiesen ihn in die Schranken: ihre Geschichte sei Tausende von Jahren bevor es bei den Griechen auch nur rudimentäre Ansätze von Schreibkundigkeit gab, bereits dokumentarisch belegt.

Solons Gastgeber waren aber offenbar höfliche Menschen, denn sie nahmen dieser Zurechtweisung die Schärfe, indem sie ihm von einem neuntausend Jahre zurückliegenden Ereignis berichteten, das Athen in gutem Licht zeigte. Solons Vorfahren hatten nach der Bekundung der Priester damals im Alleingang die Welt gerettet, als eine Atlantis genannte Macht sich anschickte, ganz Europa und Asien zu unterwerfen.

Es hat Debatten über die richtige Übersetzung der Textstelle gegeben, in der Platon die Lage von Atlantis beschreibt. Ein einziges Wort in einer nur geringfügig abweichenden Übertragung kann die Argumente für oder gegen eine bestimmte Deutung stärken oder schwächen. Die Majorität der akzeptablen Versionen lokalisiert Atlantis auf einer Insel im Atlantischen Ozean in der Nähe der Straße von Gibraltar, eine Insel in der Größenordnung etwa wie Libyen und Asien zusammen.

Diese Feststellung bedarf einer Erklärung. Niemand weiß, was Platon mit der Erwähnung von Libyen und Asien genau meint, aber es ist absolut sicher, daß seine geographischen Vorstellungen von unseren abweichen. Libyen umfaßt in Platons Sprachgebrauch offenbar die nordafrikanische Küste bis östlich zum Niltal. Aber wie weit reicht es nach Süden? Als Asien bezeichnet man in der Antike gewöhnlich das Perserreich – den jetzigen Mittleren Osten.

Kritias sagt, daß es im Atlantik andere Inseln unter der Herrschaft von Atlantis gibt, die Bindeglieder zur anderen Seite des Ozeans bilden (der beiden Amerika?). Teile von ihnen waren von Atlantis okkupiert. Zur Zeit der unheilvollen Invasion beherrschten die Bewohner von Atlantis Nordafrika bis zu den Grenzen Ägyptens und Italien südlich der heutigen Toskana.

Der Angriff sollte den ganzen Mittelmeerraum durch die Eroberung Griechenlands und Ägyptens absichern. Da die Verbündeten Asien im Stich ließen, hatte dieses schließlich allein die Wucht des Angriffs abzuwehren. Ägypten war wohl gefallen, denn die Priester beziehen sich auf seine Befreiung nach der glücklichen Beendigung des Krieges.

Platons Naturbeschreibung ist leider sehr kärglich. Wir erfahren wenig mehr, als daß es einen heiligen Hügel in der Mitte der Insel gab, der ursprünglich dem Gott Poseidon geweiht war.

Wollte Platon seine Geschichte als Realität verstanden wissen? Sein Schüler Aristoteles glaubte das offenbar nicht. Tatsächlich hielt kein Gelehrter der Antike sie für historische Wahrheit bis auf den mehrere Jahrhunderte später lebenden Poseidonios, der sie für »möglich« hielt. In der griechischen Literatur vor Platon findet Atlantis keine Erwähnung, und auch in ägyptischen Texten hat man nichts gefunden.

Und als das Manuskript, an dem Brasseur de Bourbourg gearbeitet hatte, schließlich richtig entschlüsselt wurde, stellte sich heraus, daß es ein astronomischer Text war. Das also sind die literarischen Quellen, an die man so weitreichende Spekulationen knüpfte.

Es vergingen tatsächlich fast zweitausend Jahre seit der Zeit, zu der Kritias seine Geschichte erzählt haben soll, bis jemand ernsthaft an die Existenz von Atlantis glaubte. 1566 schrieb der siebenundzwanzigjährige Sir Humphrey Gilbert *A Discourse to Prove a Passage by the Northwest to Cathaia.* Eines seiner Argumente, mit denen er die Existenz einer nördlichen Seeroute nach China beweisen wollte, stützte sich auf die Annahme, daß Nordamerika Atlantis und daher eine Insel sei. Niemand lachte darüber. Nach diesem Buch plante Sir Francis Drake seine Weltumseglung, und Gilbert brachte es den Seemannstod.

Es war das Zeitalter der Entdeckungen. Man war entsetzt darüber, in den fremden Ländern artverwandte menschliche Wesen zu finden; wäre man auf furchterregende Monster gestoßen, hätte der Schrecken nicht größer sein können. Man erwartete das Ungewöhnliche. Und als die Renaissance die Klassiker wiederentdeckte, brachte man ihnen dieselbe Ehrfurcht entgegen wie der Bibel. Ihre Texte waren ebenso unanfechtbar wie die Heilige Schrift.

Wenn Platon also über Atlantis schrieb, wer wollte dann ihre Existenz in Frage stellen? In ganz Europa spekulierten die Gelehrten über die Lage des verlorenen Inselreichs. Eines der besten Bücher über dieses Thema, *Novo Atlantis,* brachte Francis Bacon unerwarteten Ruhm. Zwei Jahrhunderte später machte ihn einer seiner Verehrer, den man auch als Vater der modernen Atlanteologie betrachtet, zum Verfasser der Werke William Shakespeares.

Sicherlich hätte zu seinen Lebzeiten niemand gewagt, Ignatius Donnelly als »Spinner« abzutun. Zwar war seine Logik oft wenig überzeugend, aber man schätzte seinen lebendigen, wendigen, manchmal brillanten Geist. Und er konnte Erfolge vorweisen, die niemand anzuzweifeln wagte.

Donnelly wurde 1831 als Sohn eines Arztes irischer Herkunft in Philadelphia geboren. Er studierte Rechtswissenschaft und lehnte nach nur dreijähriger Praxis eine Kandidatur der Demokraten für das Abgeordnetenhaus ab.

Donnelly zog mit seiner Braut nach Minnesota, wo er seine Praxis bald aufgab und mehrere Farmen erwarb. Als Republikaner wurde er nach drei Jahren zum Abgeordneten des neuen Staates und im Jahr darauf zum stellvertretenden Gouverneur gewählt. Er versah dieses Amt in zwei Wahlperioden und wurde dann dreimal in den Kongreß in Washington gewählt. Er verbrachte viel Zeit in der Kongreßbibliothek mit Vorbereitungsarbeiten für sein Buch *Atlantis: The Antediluvean World* (Atlantis: Die Welt vor der Sintflut), das 1882 erschien.

Er war Reformer, ohne zur Radikalität zu neigen, als »Freund der Farmer« bekannt. Es war also ganz natürlich, daß er sich der neuen Populistischen Partei anschloß, nachdem er in einer republikanischen Familienfehde aus dem Kongreß gedrängt worden war. Mit neunundsechzig Jahren starb Donnelly im Haus seiner vierundzwanzigjährigen Frau; die Populisten hatten ihn noch als Kandidat für das Amt des Vizepräsidenten aufgestellt. Geistig ein Kind des von intellektueller Entdeckerfreude erfüllten 18. Jahrhunderts, bliebe er auch für das 20. Jahrhundert interessant.

Donnellys *Atlantis* war sofort ein Bestseller und wird noch heute, nach fünfundneunzig Jahren, nachgedruckt. Es ist eher das Ergebnis harter Forschungsarbeit und nicht auf sensationelle Effekthascherei durch okkulte Enthüllungen angelegt. Moderne

Atlantisforscher geben bereitwillig zu, daß es auf diesem Gebiet seither nicht viel Neues gibt.

Donnelly ging von Brasseur de Bourbourgs Theorie aus, daß Atlantis das Bindeglied zwischen der Alten und der Neuen Welt gewesen war. Es mußte daher möglich sein, aus den auf beiden Seiten des Atlantik gefundenen vorzeitlichen Geräten und Werkzeugen ebenso wie aus dem gemeinsamen Sagengut die Zivilisation des verschwundenen Inselreiches zu rekonstruieren.

Er argumentierte, daß die überall in der Welt verbreiteten Sagen vom Lande der Glückseligkeit, die vielen Variationen des Garten-Eden-Themas »eine universale Erinnerung an ein großes Land Atlantis« waren, »in dem die früheren Bewohner viele Jahrhunderte lang in Frieden und Glück lebten«. Er stellte die Theorie auf, daß die Könige und Königinnen von Atlantis die Vorbilder der Götter und Göttinnen waren, die nach ihrem Fall diesseits und jenseits des Atlantik verehrt wurden.

Atlantis war in Wirklichkeit die Quelle aller höheren menschlichen Kulturen. Nicht nur war die große Mehrheit der Menschen unfähig zu zivilisatorischer Eigenleistung, manche Völker hatten nicht einmal die Fähigkeit, sie zu übernehmen. »Zivilisation ist nicht allen mitteilbar. Manche wilden Volksstämme können sie nicht aufnehmen. Es gibt zwei große Klassen von Menschen, die zivilisierten und die wilden... in jeder zivilisierten Rasse auf der Welt gibt es Ansätze zur Zivilisation schon in den frühesten Zeiten. Und wie ›alle Wege nach Rom führen‹, so führen alle Linien der Zivilisation konvergierend nach Atlantis.«

Logischerweise wirft Donnelly damit ein interessantes Problem auf: Wenn auch auserwählte Teile der Menschheit nur fähig sind, Zivilisation zu erlernen, nicht etwa zu entwickeln, was waren dann die Bewohner von Atlantis? Ohne sich dessen bewußt zu sein, hatte Donnelly sie durch Implikation als *nichtmenschliche* Wesen definiert. Er hatte damit ein Modell für spätere Spekulationen geschaffen.

»Die Pyramide«, so erläuterte Donnelly, »ist eine der wunderbaren Gestaltungen dieses Problems, mit dem wir überall konfrontiert werden und das ohne Atlantis nicht lösbar ist.«

Über die Große Pyramide schrieb er: »Es ist völlig eindeutig, daß sie, eines der gewaltigsten Monumente der Welt, nicht von einem Volk erbaut wurde, das eben den Zustand der Barbarei überwunden hatte.« Dann zieht er das Fazit: »In Atlantis, der Heimat der Götter, finden wir das ursprüngliche Modell dieser Pyramiden, die von Indien bis Peru verbreitet sind... Die Pyramide ist eine Nachbildung des heiligen Berges, der in der Mitte des Garten Eden stand, der Olymp (Platons Hügel) von Atlantis... Die älteste Kolonie, die Atlantis gründete, war wahrscheinlich in Ägypten, dessen Zivilisation eine Reproduktion der des atlantischen Inselreichs war.«

Aber warum wird dort, anders als bei Platon, das Versinken der Insel Atlantis nicht erwähnt? Überall in der Welt sind doch die Legenden von der Sintflut verbreitet. Die Tatsache, daß in Ägypten keine solche Legende überliefert ist, galt Donnelly schon als Beweis; Platon hatte ja berichtet: »Die Ägypter haben in ihren Annalen die ›genaue Geschichte‹ der Zerstörung von Atlantis bewahrt, aus der die Legenden von der Flut entstanden sind.«

Donnelly nahm die geographsichen Angaben, die die ägyptischen Priester Solon gemacht hatten, ganz wörtlich. Er glaubte, daß es an der Stelle, an der Atlantis versunken war, unter dem Meeresspiegel »eine Schlammbank« gebe, und er überprüfte daraufhin die Karten, um eventuelle Spuren an der Oberfläche zu finden. Durch einen Hinweis in den Schriften des Aristoteles, des Schülers Platons, glaubte er, tatsächlich auf eine Spur gestoßen zu sein.

Der Philosoph aus Athen hatte nämlich berichtet, daß die Karthager auf einer Insel namens Antilla im Atlantik gelandet waren. Sie lag jenseits der Straße von Gibraltar und konnte eine der Kanarischen Inseln, der Azoren oder Madeira sein. Donnelly brachte diesen Namen mit dem der Antillenkette in der Karibik in Verbindung und entschied, daß beide Namen von Atlantis abgeleitet seien. Sie waren versunkene Gebirge, die den Rand des Inselreiches an den gegenüberliegenden Seiten gebildet hatten.

Diese Art, die Beweisführung auf Scheinprämissen aufzubauen, ist Donnellys Schwäche. Er schaut nie unter die Oberfläche, er argwöhnt intuitiv, daß es dort gefährliche Untiefen gibt, doch er akzeptiert ohne Bedenken alles, was seine Argumentation zu stützen scheint.

Keine Frage, daß Donnellys *Atlantis* ein eindrucksvolles Buch ist. Die Menge der Zitate, mit denen er seine Argumente belegt, beweist allerdings weniger die Existenz von Atlantis als seine immense Belesenheit. Und die Art, wie er an die Sache herangeht, deutet eher auf den Prozeßanwalt als auf den Wissenschaftler hin. Er führt einen Indizienbeweis, bei dem er die Beweisstücke so zusammenfügt, daß sich die gewünschte Urteilsfindung zwangsläufig ergibt. Er ist darauf bedacht, seinen Fall, nämlich Atlantis, einer Jury von Lesern in günstigem Licht zu präsentieren. Wenn es etwas geben sollte, das Zweifel herausfordern könnte, dann ist es Sache eines anderen, diese Zweifel vorzubringen.

Und natürlich gab es solche Zweifler, unter ihnen Sir Daniel Wilson, Präsident der Universität von Toronto. 1892 veröffentlichte Dr. Wilson eine Schrift, in der er Donnellys Beweise Punkt für Punkt widerlegte. Die Kritik war nicht verletzend, sondern von bemerkenswerter Sachlichkeit und Zurückhaltung. Er behandelte seine Gegner mit Höflichkeit, nannte Brasseur de Bourbourg »einen unermüdlichen und enthusiastischen Forscher« und wies ihm einen hervorragenden Platz in der amerikanischen Archäologie zu als dem Mann, der als erster die Aufmerksamkeit auf die Transkriptionen von Maya-Schriften gelenkt hatte.

Aber gegenüber den von Donnelly zitierten Versuchen Brasseurs, Maya-Ideoglyphen mit ägyptischen Hieroglyphen auf Grund gewisser Ähnlichkeiten in Zusammenhang zu bringen, war Sir Daniel weniger tolerant. »Hieroglyphen«, schrieb er, »sind bildhafte Darstellungen und weisen immer eine gewisse Familienähnlichkeit auf... kontinuierliche Schritte schienen nachweisbar zu sein, durch die der amerikanische Mensch für seine Sprache die erstaunliche Erfindung der Buchstaben entwickelte...«

Die Theorie, Atlantis sei im Wasser versunken, wollte Sir Daniel nicht akzeptieren. Die Idee von der Vernichtung einer Zivilisation durch »Konvulsionen der Natur« sei durch die moderne Geologie widerlegt. Zu der sensationellen Meldung, daß karthagische Münzen auf einer der Kanarischen Inseln gefunden worden seien und daß dies vermutlich die Insel Antilla des Aristoteles sei, bemerkte Wilson, daß die Kanarischen Inseln von den Geologen als vulkanische Verwerfungen des Meeresbodens identifiziert worden seien und nicht als Überreste einer versunkenen Landmasse. Donnelly habe, so führte er aus, die Evidenz der langen Stabilität des Atlantikgrundes ignoriert, um seinen »Fall« durchzubringen.

Sir Flinders Petrie und Dr. Barnard hätten ihn warnen können, welche Wirkung diese Kritik auf die bereits vom Atlantis-Mythos Besessenen haben mußte. Innerhalb eines Jahres erschien *New Light from the Great Pyramid* von Albert Ross Parsons, das Wilsons Kritik widerlegen sollte. In gerechtem Zorn schrieb Parsons:

> Sir Daniel Wilson bemerkt, daß Donnelly wie Brasseur (de Bourbourg)... die kompetenten Meinungen der höchsten wissenschaftlichen Kapazitäten ignoriert, daß nämlich die Formation des atlantischen Beckens in den jüngeren geologischen Perioden keine wesentliche Veränderung erfahren hat. Brasseur und Donnelly, die sich »auf das Gesetz und das Zeugnis« berufen, präsentieren eine unzerreißbare Kette von Tatsachen, die von den prähistorischen Zeiten bis zu den unmittelbaren Nachkommen der Rassen reicht, die die Ereig-

nisse erlebt haben, die sie beschreiben. Warum sollen sie nicht bloße Tagesmeinungen ignorieren, die auf geologischen Theorien über die regelmäßigen Entwicklungsprozesse der Natur basieren – demonstriert in Laborexperimenten von Wissenschaftlern, die die terrestrischen Wirkungen der einen schrecklichen Nacht des Isaias und des Platon nur als graduelle Veränderungen zu betrachten vermögen, die im Verlauf von Hunderttausenden von Jahren entstanden sind?

Nicht die Bibel allein war jetzt über alle Kritik erhaben. Sie trat nun als Verbündete eines griechischen Philosophen und der weltweiten Mythologie der primitiven Völker auf. Und diese Einstellung war nicht nur in den Zeiten Donnellys und Parsons' für eine sehr große Zahl gebildeter Menschen akzeptabel. Es gibt, wie wir sehen werden, auch in den siebziger Jahren des Zeitalters der Raumfahrt einige Bestseller, die eine ähnliche Tendenz zeigen.

6

Auf der Suche nach den Architekten

Da es wenig Quellen gibt, ist es kaum überraschend, daß nur ein einziger anderer ernsthafter Versuch, die Legende von Atlantis zu verbreiten, sich dokumentarischer Beweismittel bediente – das heißt, Beweismittel, die auch von Nicht-Atlanteologen nachprüfbar sind. Es handelt sich um das Werk eines Franzosen, eines riesenhaften Mannes mit einer spatenförmigen Barttracht: Dr. Augustus Le Plongeon, der wie Donnelly von den Enthüllungen Brasseur de Bourbourgs inspiriert war. Le Plongeon, Arzt in Yucatán, ist eine etwas mysteriöse Gestalt. Man hat nie feststellen können, wo – oder ob – er den akademischen Grad eines Arztes erworben hat. Aber in den damaligen Wildnissen des östlichen Mexiko gab es wohl kaum jemanden, der nach seiner Beglaubigung fragte.

Neben seiner Berufstätigkeit wanderte Le Plongeon, ausgerüstet mit Brasseur de Bourbourgs Version von de Landas Schlüssel zur Maya-Sprache, durch die Dschungelgebiete und untersuchte die Tempelpyramiden, in der Hoffnung, neues Material über die Zerstörung von Atlantis zu finden. Seine Reisen erwiesen sich als ergiebig. 1866 veröffentlichte er die Resultate in dem Buch *Queen Moo and the Egyptian Sphinx* (Königin Moo und die ägyptische Sphinx). Le Plongeon entdeckte – oder glaubte zu entdecken –, daß die Maya-Pyramiden tatsächlich Monumente zur Erinnerung an den versunkenen Kontinent waren. Die Inschriften, die er fand, hatten wesentlichen Anteil an den amerikanischen Erkenntnissen für die Geschichte der Atlantisbewohner.

Le Plongeon hat die Wissenschaftler, die seine Forschungsergebnisse in Frage stellten, als Fachidioten abgetan; die rechtschaffene Sicherheit seines Auftretens überzeugte viele, die mit ihm in Berührung kamen. Einer seiner ergebensten Anhänger war Edward R. Thompson, ebenfalls ein Amateurarchäologe, seit vierundzwanzig Jahren Konsul von Yucatán.

Die Zeit arbeitete jedoch nicht für Le Plongeon. De Bourbourgs Arbeit über Maya-Ideoglyphen hatte auch die Aufmerksamkeit von Linguistik-Experten gefunden, und in wenigen Jahren hatte man große Fortschritte in der Entschlüsselung ihres Sinngehalts gemacht. Archäologen, die Le Plongeons Reise durch die toten Maya-Städte nachvollzogen, waren jetzt in der Lage zu erkennen, daß vieles von dem, was der Doktor »gelesen« hatte, eher dekorative Reliefs als Schriftzeichen waren.

Verbesserte Datierungsmethoden stellten nicht nur de Plongeons Arbeit, sondern die Theorien der Kultur-Diffusionisten allgemein in Frage. Es stellte sich heraus, daß die erste der Maya-Pyramiden etwa um die Zeit erbaut worden war, als Platon die Geschichte der Insel Atlantis von Kritias erfahren haben wollte – 9200 Jahre nach ihrem Untergang, 7000 Jahre nachdem die Ägypter den Pyramidenbau aufgegeben hatten.

Aber wenn dem so war, wie war dann die von Donnelly beobachtete Tatsache zu erklären, daß alle Pyramiden Ägyptens und Yucatáns nach einer Nord-Süd-Achse ausgerichtet waren? Das deutet sicherlich auf eine Verwandtschaft hin, aber es gibt auch andere, ebenfalls mögliche Erklärungen. Im Fall der Pyramiden von Giseh wäre es wohl richtiger, von einer Ost-West-Achse zu sprechen. Wenn die Große Pyramide und ihre Nachbarn, wie die Wissenschaftler behaupten, als Gräber bestimmt waren, dann hatten sie eine Zeremonialfunktion in einem Ritual, das, wie wir später sehen werden, immer die Bewegung von Ost nach West betont – von der Welt der Lebenden zur Welt der Toten.

Auch im Fall der Maya-Tempel ist es ein Irrtum, von einer Nord-Süd-Achse zu sprechen. In Wirklichkeit sind sie auf die vier Kardinalpunkte des Kompaß hin orientiert. Das ist ein ständig wiederkehrendes Element in der Religion der amerikanischen Ureinwohner, das auch den weißen Amerikanern aus den

Beschreibungen der Zeremonie des Rauchens der Friedenspfeife vertraut sein dürfte, bei dem die Begrüßung nach allen vier Himmelsrichtungen hin erfolgt.

Weil wir einmal bei diesem Thema sind: Die Ausrichtung der ägyptischen Pyramiden wird oft als einer der Beweise für die Beteiligung geheimnisvoller Leute mit einer dem ägyptischen Status zur Zeit des Pyramidenbaus weit überlegenen Technologie angeführt. Wie, so fragt man, konnte ein Volk, das gerade den Zustand der Zivilisationslosigkeit überwunden hatte, eine so präzise Orientierung schaffen? Wäre dazu nicht ein ausgeklügeltes Instrumentarium erforderlich gewesen?

Nicht unbedingt, wenn man Ägyptologen glauben kann, die dieses Problem untersucht haben. Obwohl es keine Möglichkeit gibt, nachzuweisen, wie es gemacht wurde, so wissen sie doch, daß es einen Weg geben *konnte*, diese Orientierung zu erreichen, der durchaus im Rahmen der Möglichkeiten der damaligen Ägypter lag:

Alles, was die »Seilspanner«, wie die griechischen Bauleute später die Tempelvermesser nannten, zu tun hatten, war, einen Stab aufzustellen und zu bestimmen, wann der Schatten der Sonne am kürzesten war – am Mittag natürlich. Das Messen des Schattens unmittelbar vor und nach Mittag, wenn er gleich lang war, ermöglichte es, den Winkel zwischen den Positionen des Sonnenauf- und -untergangs – Ost und West – zu halbieren. Man kann annehmen, daß die Ägypter in der Lage waren, mit einem Pflock und einem Seil Kreise und gerade Linien in den Sand zu zeichnen, was genügend Genauigkeit brachte. Ihre astronomischen Kenntnisse waren ausreichend, um feststellen zu können, daß die vom Mittelpunkt eines Kreises zu einer Tangente des Kreisumfangs gezogene Linie einen rechten Winkel zu der Tangente bildete. Es muß allerdings betont werden, daß diese Orientierung nicht, wie oft angenommen wird, ganz exakt ist.

Das »harte« Beweismaterial für die Existenz von Atlantis, das in der Zeit nach Donnelly und Le Plongeon vorgelegt wurde, war eher unergiebig. Typisch war ein Artikel von Paul Schliemann mit der Überschrift »Wie ich Atlantis, den Ursprung aller Zivilisation, entdeckte« in *The New York American*, der 1912 erschien.

Schliemann berichtete seinen interessierten Lesern, daß sein Großvater Heinrich Schliemann, der Mykene und Troja ausgegraben hatte und den man oft als »Vater der Archäologie« bezeichnet, ihm eine Anzahl Kunstwerke atlantischen Ursprungs hinterlassen habe, darunter eine in Mykene gefundene Schrifttafel, die mit den Worten begann: »Die ersten Ägypter waren Atlantismenschen, angeführt von Toth...«

Wegen seines berühmten Namens löste Schliemanns Mitteilung natürlich eine enorme Begeisterung aus – etwas zuviel, wie es scheint. Je lauter die Forderungen wurden, er solle das Beweisstück vorlegen, um so schweigsamer wurde Schliemann, bis er sich schließlich ganz der Debatte entzog. Nicht allerdings, ohne vorher seinen Scheck vom *American* kassiert zu haben.

Die Atlantisforschung ist ein schwieriges Gebiet für den interessierten, unparteiischen Leser. Das Problem zeigt sich deutlich daran, daß trotz dieser Peinlichkeiten Brasseur de Bourbourg, Le Plongeon und Schliemann nach wie vor als unanfechtbare Quellen von allen übernommen werden, die über dieses Thema schreiben.

Um 1900 hatten sich die Atlantisforscher in zwei Hauptlager geteilt: die Materialisten und die Spiritualisten. Die ersteren befaßten sich hauptsächlich mit der Suche nach endgültigem Beweismaterial für die Lokalisierung des alten Atlantis; die letzteren versuchten, vor allem mit den Mitteln des Hellsehens, den Mangel an literarischen Quellen durch die Hilfe von Geistern zu kompensieren, die fachmännisches Zeugnis über das zeitgenössische Leben in Atlantis beibrachten. In den Randbezirken tummelte sich ständig eine faszinierende Gruppe von Individualisten, jeder mit einer einzigartigen Theorie oder Betrachtungsweise, die eine Kategorisierung ausschließen.

Die Suche nach Atlantis schien neuen Auftrieb zu bekommen, als Premierminister William Ewart Gladstone das britische Kabinett ersuchte, eine Expedition auszurüsten, die die Grenzen des versunkenen Reiches kartographisch vermessen sollte. Unglücklicherweise waren andere Politiker der Meinung, das Geld könne für andere Zwecke besser verwendet werden.

Die meisten Atlantisforscher kann man als geographisch orthodox einstufen, das heißt, sie unterstützten die Theorie, daß Atlantis irgendwo zwischen der Straße von Gibraltar und den Karibischen Inseln in der Mitte des Atlantik gelegen war. Im letzten Jahrzehnt wurden zwei größere Expeditionen mit modernster Ausrüstung losgeschickt, um nach Spuren der Inselkultur zu suchen. Keine von beiden lieferte neue Erkenntnisse.

In den dreißiger Jahren starteten deutsche Wissenschaftler mit Booten eine Suchaktion in der Nordsee, in der Hoffnung, dort Atlantis als Urheimat der arischen Herrenrasse zu finden. Zwanzig Jahre später dauerte diese Suche trotz der veränderten politischen Situation noch an. Im Laufe der letzten Jahre haben sich verschiedene Schriftsteller, darunter der Science-fiction-Autor L. Sprague de Camp, für das spanische Andalusien, das Gebiet des antiken Tartessos, ausgesprochen. Weiter in die Ferne ging Dennis Saurat, der in *Atlantis and the Giants* (Atlantis und die Giganten) behauptete, daß man die Legende von der Sintflut nicht wörtlich nehmen dürfe und daß Atlantis in Wirklichkeit Tiahuanaco in Bolivien sei, wo man Ruinen aus der Vor-Inka-Zeit gefunden hatte.

Der angesehenste Vertreter der Schule der freien Interpreten war jedoch Reginald Aubrey Fossenden, ehemaliger Chefchemiker bei Thomas A. Edison und Professor für Mathematik und Elektrotechnik an der Universität von Pittsburgh. 1923 trat Fossenden für eine volle 180°-Drehung des von Platon gesetzten Kurses ein und verlegte Atlantis in das Schwarze Meer in die Nähe des russischen Kaukasus.

Colonel James Churchward war zweifellos der erfolgreichste

der Rebellen. Er brachte das unvergleichliche Kunststück fertig, eine Sezessionsbewegung in einer Nation aufzuziehen, die man nicht einmal auf der Landkarte fand. Seine Phantasie wurde durch mehrere Bestseller belohnt (*The Lost Continent of Mu* [Der verlorene Kontinent Mu], *The Children of Mu* [Die Kinder von Mu] u. a.). Großzügig überließ Churchward den Atlantik den Atlantisbewohnern, erklärte Mu für unabhängig und verlegte es in den Pazifik, indem er es als den verlorenen Kontinent Lemuria identifizierte. Da der Beweis für die Existenz von Mu bestenfalls dürftig war, bereitete es keine Schwierigkeiten, es zu »verlegen«.

Obwohl Churchward durch die Ablehnung der These Brasseur de Bourbourgs und Le Plongeons, daß Mu mit Atlantis identisch sei, eines der wichtigsten Argumente der Atlantisforscher erschüttert hatte, zog er ihre entscheidende These doch nicht in Zweifel. In seiner neuen Kosmologie war Atlantis ebenso real wie Mu. Tatsächlich behauptete er, daß Unterägypten von seefahrenden Mu-Bewohnern bevölkert worden sei, während die Einwohner Oberägyptens von Atlantis stammten. Dieses Manöver sicherte Mu die Urheberschaft an der Großen Pyramide.

Churchwards Wahl für die Lage von Mu hat einen amüsanten ironischen Beigeschmack. Lemuria war zufällig eine Schöpfung des deutschen Biologen Ernst Heinrich Haeckel (der es nach den Lemuren von Madagaskar benannte). Haeckel, ein eifriger Jünger Darwins, stellte die Theorie auf, daß ein versunkener Kontinent im Pazifik die Lösung für das damals unerklärliche Vorkommen verwandter Arten, vor allem menschlicher, in der Alten und der Neuen Welt war. Das Fehlen fossiler Relikte, um diese Theorie zu untermauern, war eine ständige Verlegenheit für die Evolutionisten. Bis spätere Untersuchungen ein neues Bild von der Ausbreitung der Arten lieferten, mußte Lemuria das Problem bemänteln. Churchward war ein heftiger Gegner der von ihm als »Affen-Evolution« qualifizierten Theorie, aber ihm gefiel die Idee von Lemuria.

Überraschenderweise haben auch konventionelle Archäologen bei der Suche nach Atlantis mitgemacht. 1910 eröffnete James Baikie einen Spekulationsreigen, der in den sechziger Jahren eindrucksvolle Resultate brachte. Baikie stellte die These auf, Platon könne sich auf Legenden bezogen haben, die sich aus der Zerstörung der minoischen Kultur auf der Insel Kreta entwickelt hätten, die seit ungefähr 3000 v. Chr. fünfzehn Jahrhunderte lang den östlichen Mittelmeerraum beherrscht hatte, bis sie auf mysteriöse Weise zugrunde ging.

Frühe Ausgrabungen der Ruinen dieser bemerkenswert verfeinerten Kultur gaben Hinweise auf schwere Erdbeben-Verwüstungen und verheerende Feuersbrünste. Die Kreter hatten mit Ägypten Handel getrieben, und die Athener erinnerten sich an ihre Macht in der Sage von Theseus und dem Minotaurus. Man konnte daher logischerweise annehmen, daß Zeitgenossen in beiden Staaten das Schicksal dieses lange vergessenen Reiches überliefert hatten.

Mehr als fünfzig Jahre später ging Spyridon Marinatos, Griechenlands Inspekteur für den antiken Kulturbesitz, Hinweisen nach, daß die Insel Thera, zwischen Kreta und dem griechischen Festland gelegen, der Herd einer vulkanischen Eruption gewesen war, die ihre Spuren Hunderte von Meilen weit in jeder Richtung hinterlassen hatte. Geologische Untersuchungen ergaben, daß der Zeitpunkt der Eruption etwa mit dem Zusammenbruch der minoischen Kultur übereinstimmte.

Marinatos stellte fest, daß Thera nur noch ein Fragment der ehemaligen Insel ist: Die Insel war der Kegel eines Vulkans, und bei der Eruption war der größte Teil der Randgebiete abgesprengt worden. Unter dem Bimsstein und der Lavaasche auf dem erhaltenen Teil der Insel fand der Archäologe die Ruinen einer ehemals blühenden minoischen Stadt, die – wie das römische Pompeji – in wenigen Stunden zerstört worden sein mußte. Marinatos war überzeugt, daß er Platons Atlantis gefunden hatte.

Für die meisten Archäologen bleibt diese Theorie umstritten. Sie meinen, es sei genug, das alte Thera gefunden zu haben.

Offensichtlich nimmt die Art der Zerstörung des versunkenen Kontinents einen breiten Raum im Denken der Atlantisforscher ein. Und als Donnelly die Legende von der Sintflut aus dem Alten Testament zur Erklärung heranzog, schuf er einen Präzedenzfall, auf den sich andere beriefen, die über die tatsächlichen Erbauer der Pyramiden Spekulationen anstellten. Das Thema wird wiederauftauchen und verdient deshalb eine nähere Betrachtung.

Was haben Fachwissenschaftler zu diesem Ereignis der Sintflut zu sagen? Wie Donnelly bemerkte, sind die in *Genesis* 6–9 beschriebenen Verwüstungen, aus denen Noah gerettet wird, nicht der einzige Bericht über eine solche Katastrophe. Es gibt ähnliche Legenden, die in der ganzen Welt verbreitet sind – in Griechenland, im Nahen Osten, in Indien, Malaya, Polynesien und in Nord- und Südamerika. Leider variieren sie jedoch in den Details viel zu sehr, als daß man einen gemeinsamen Ursprung annehmen könnte, außer möglicherweise für das Grundthema.

Aber die Juden waren direkte Nachbarn der Ägypter, sie standen lange vor Solon in engem Kontakt zu ihnen, und der von den ägyptischen Priestern aufgezeichnete Bericht war vermutlich der exakteste. Da er aber nicht überliefert ist, erscheint es logisch, daß der biblische Bericht sachlich den Ereignissen eher gerecht wird als Berichte aus sehr entfernten Gegenden wie Polynesien oder Südamerika.

Bei flüchtiger Betrachtung scheint die Erzählung der *Genesis* von geringerem Wert, da sie sich nur mit den Erlebnissen Noahs und seiner Familie befaßt. Aber wenn sie auch nichts direkt über die Vernichtung von Atlantis aussagt – falls sie tatsächlich eine Erinnerung an dieses Ereignis ist –, könnte sie uns nicht doch einen Schlüssel geben, um den Ort der Sintflut geographisch zu fixieren?

Die Bibelwissenschaft hat mit Hilfe archäologischer Funde dieses Problem jahrelang untersucht und ist jetzt der festen Überzeugung, daß sie den Ursprung der Legende kennt. Zunächst haben Ausgrabungen aller frühen Zivilisationsstätten in Palästina bestätigt, daß die Sintflut, wenn sie ein tatsächliches Ereignis war, nicht in diesem Gebiet stattgefunden hat. Sie ist dann also entweder reine Erfindung oder von anderen Völkern übernommene Überlieferung.

Heute besteht ein Konsens darüber, daß sie aus außerjüdischer Tradition stammt und auf eine – oder mehrere – tatsächliche Begebenheit zurückgeht. Die Gelehrten glauben sogar sicher zu wissen, woher diese Legende stammt; aber wenn sie wirklich eine Beziehung zu Atlantis hat, dann müssen die Atlantisforscher ihre Vorstellungen gründlich revidieren. Bei der Ausgrabung der Ruinen von Sumer, der frühesten bis heute entdeckten Zivilisation, fanden Archäologen Tontafeln mit einem Bericht über die Sintflut, der so viele Übereinstimmungen mit der Noah-Legende aufweist, daß man nicht mehr von Zufall sprechen kann. Darüber hinaus fanden die Archäologen eine Menge Anzeichen für eine große Überschwemmung, die verheerende Zerstörungen in den Schlammziegelbauten der Städte des mesopotamischen Tals angerichtet hatte. Daher glauben die Wissenschaftler, dort den Ursprung der biblischen Sintflut gefunden zu haben und nicht in den titanischen Eruptionen des Atlantik-Beckens.

Zum Glück für die Atlanteologen wurden während dieser Fortschritte der archäologischen Spatenarbeit (im wirklichen wie übertragenen Sinne) neue Theorien entwickelt, die die Vernichtung von Atlantis erklären könnten. Die erste wurde in einem Buch des österreichischen Ingenieurs Hanns Hörbiger aufgestellt. Hörbiger versuchte, durch seine »Welteislehre« nicht nur die Sintflutlegenden, sondern auch die Eiszeiten zu erklären. Er ging davon aus, daß die Erde eine Anzahl von Monden gehabt habe. Diese Monde kommen und gehen, eine Zeitlang von der

Schwerkraft der Erde angezogen und sich ihr dann wieder entziehend. Diese Übergangszeiten führen zu Katastrophen, da sie enorme Gravitationsspannungen erzeugen. Frühere Monde haben klimatische Änderungen herbeigeführt, die im Vorrücken der kontinentalen Gletscher erkennbar sind. Die große Sintflut war eine Folge der Anziehung des letzten, vierten Mondes durch die Erde.

Wer Hörbigers Welteislehre gegenüber Bedenken hatte, konnte sich bald an Immanuel Velikovsky halten, einen in Rußland geborenen Amerikaner, der in den frühen fünfziger Jahren mit einer eigenen Erklärung aufwartete. In *Worlds in Collision* (Welten in Kollision) stellte Velikovsky die Theorie auf, daß Venus als Komet in unser Sonnensystem eingedrungen und dabei mehrmals in die Nähe der Erde gekommen sei, bevor sie ihre endgültige Bahn im Sonnensystem gefunden habe. Ihre Annäherung an die Erde bewirkte sowohl den Untergang von Atlantis (dem ein ganzes Kapitel gewidmet ist) wie auch die Teilung des Roten Meeres, durch die das Heer des Pharao bei der Verfolgung der abtrünnigen Juden vernichtet wurde, und den Einsturz der Mauern von Jericho.

Die Wissenschaft lehnte beide Theorien ab. Obwohl Hörbiger und Velikovsky sich große Mühe gaben, die Ursachen von den Wirkungen abzuleiten, konnten beide doch nicht den geringsten astronomischen Beweis für ihre Behauptungen erbringen. Es blieben interessante Spekulationen. Daß jede Behauptung die andere auszuschalten trachtete, war unerheblich, denn das Beweismaterial war von einer Art, daß es auch widerstreitende Theorien ertrug.

Natürlich mußte, wenn die Atlantisbewohner so üble Typen waren, wie Platon sie uns vorstellt, Velikovskys Komet den Hörbigerschen Monden zumindest weit überlegen sein, denn er hatte ja nur Gutes bewirkt. Aber die Atlanteologen wollten das nicht wahrhaben. Nach ihrer Meinung hatte Platon die Atlantismenschen falsch beurteilt, denn wie konnten sie, denen unsere ganze Kultur zu verdanken war, solche Monster gewesen sein? Und es wird niemanden verwundern, daß die Atlanteologen bald den »Beweis« fanden, der die Richtigkeit ihres Standpunkts erhärtete.

7
Stimmen aus der Vergangenheit

Die Okkultisten interessierte nicht so sehr die Zerstörung von Atlantis als vielmehr das Leben in diesem Inselreich. Und Donnellys Buch brachte offenbar die Geisterwelt so in Aufruhr, wie wir das sonst nur von unserer eigenen Zeit kennen. Bis zur Veröffentlichung dieses Buches zeigten die verschiedenen Atlantisbewohner nicht die geringste Neigung, sich mitzuteilen. Innerhalb von zwei Jahren scheinen sie begierig nach »Ghostwritern« für ihre Geschichten gesucht zu haben.

Der erste war ein amerikanischer junger Mann, der achtzehnjährige F.S. Oliver, der ohne eigenes Zutun automatisch niederschrieb, was ihm ein Geist namens Phylos über seine Erlebnisse diktierte. Das Buch erschien unter dem Titel *A Dweller on Two Planets* (Ein Bewohner zweier Planeten). Kurz darauf hatte auch Madame Helena Petrowna Blavatsky, wohl die bekannteste Spiritistin des 19. Jahrhunderts, Kontakt aufgenommen. Die Theosophische Gesellschaft, die sie mit H.S. Olcott 1875 in New York gründete (1888 in Würzburg deren deutschen Zweig), zeichnete verantwortlich für einen beträchtlichen Teil der mehr als zweitausend Bücher und Artikel, die bis heute zu dem Thema Atlantis erschienen sind.

Madame Blavatskys Schüler füllten bald die Lücken im Wissen über die Atlantismenschen mit dickbändigen Werken wie W. Scott-Elliots *The Story of Atlantis* (Die Geschichte von Atlantis), das 1909 erschien. In einer Kombination von Hellseherei und Hypnotismus erzählt der Autor die Geschichte der »Fünften oder Arischen Rasse« und verfolgt die Ursprünge der Kelten und Teutonen bis zurück zu dem versunkenen Kontinent.

Den prominentesten Beitrag der Theosophie lieferte 1911 Rudolf Steiner. In einem von der Theosophical Public Society veröffentlichten Artikel *The Submerged Continents of Atlantis and Lemuria* (Die versunkenen Kontinente Atlantis und Lemuria) bezog er sich auf die sogenannten »Akashic Records« als Quelle für die Geschichte von Atlantis. Über die Herkunft dieses Materials schrieb er: »Über diese Informationsquelle bin ich im Augenblick noch zum Schweigen verpflichtet. Wer etwas von diesen Dingen versteht, wird wissen, warum das so sein muß, aber es werden vielleicht Umstände eintreten, die es schon bald erlauben, über dieses Thema zu sprechen.« Wieviel darüber verlautbart werden könne, sagte er, hänge »von der Haltung unserer Zeitgenossen« ab. Offenbar hat sich in den folgenden Jahren die Haltung nicht genügend geändert, um es zu rechtfertigen, anderen Zugang zu den »Akashic Records« zu verschaffen.

Mitteilungen der Atlantismenschen und anderer Geister aus allen Zeiten blieben jedoch eine wesentliche Informationsquelle. In demselben Jahr, in dem Steiner enthüllte, daß er Zugang zu den »Akashic Records« habe, brachte J. Ben Leslie das Buch *Submerged Atlantis Restored* (Rekonstruktion der versunkenen Atlantis) heraus, in dessen Vorwort er sich für die unschätzbare Hilfe bedankte, die er von den Geistern der Verstorbenen erhalten hatte:

> Bezüglich der prähistorischen und nichthistorischen Nomenklatur, die in diesem Werk zu finden ist – 3000 oder mehr solcher Termini –, möchten wir feststellen, daß etwa zwei Drittel von ihnen von Mrs. C.C. Van-Duzee stammen, die ihr von Alem Prolex, einem der vier atlanteischen Geister, mitgeteilt worden sind... Das verbleibende Drittel erhielt der Autor direkt von Ku-li-u'thüs, einem phönizischen Geist...

Leslie versäumte zu erklären, wie ein Phönizier zu seiner Expertise kam, da die Archäologen die Kultur der Phönizier doch mehr als achttausend Jahre nach dem Zeitpunkt beginnen lassen, den die ägyptischen Priester Solon für den Untergang von Atlantis genannt haben. Man könnte aber vielleicht annehmen, daß es genügend zeitliche Flexibilität in der Geisterwelt gibt, die es ihm erlaubte, ein gründliches Studium der Atlanteologie zu betreiben. Entweder das, oder aber die Aussage des Phöniziers muß doch wohl als klarer Beweis für die völlige Unzulänglichkeit archäologischer Datierungsmethoden betrachtet werden.

Was Popularität und schriftstellerische Fruchtbarkeit anbelangt, war Edgar Cayce der bedeutendste der Hellseher, die zur Erhellung der Geschichte von Atlantis beitrugen. Trotz des weitverbreiteten Glaubens an seine Fähigkeit, die Barriere zwischen dieser und der jenseitigen Welt zu überwinden, hat man seit seinem Tode im Jahre 1945 leider nichts mehr von ihm gehört. Cayce, ein Farmerjunge aus der Nähe von Hopkinsville, Kentucky, hinterließ vierzehntausend Berichte über Gespräche mit Geistern und behauptete, über einen Zeitraum von zwanzig Jahren hin engen Kontakt zu Geistern aus der Atlantiswelt gehabt zu haben.

Cayce war ebenfalls ein leidenschaftlicher Gegner des Darwinismus. Aus den ihm zur Verfügung stehenden Quellen erster Hand, den Mitteilungen der Geister, enthüllte er, daß der Mensch dem Ursprung nach ein Geist war und nicht von den Affen abstamme. Vielleicht als »Zeitvertreib« hatten diese Geister sich mit der Materie bekleidet, ein Irrtum, der schließlich zu der Zerstörung von Atlantis führte, denn in ihrer Verbindung mit der Materie vergaßen sie »ihre göttliche Herkunft und Natur«. Durch mißbräuchliche Anwendung ihrer Kreativität für egoistische Zwecke entwickelten die Atlantismenschen eine Technologie, die zumindest der von heute gleichkommt und sie vielleicht sogar übertrifft.

Zu den Leistungen, die sie vollbracht haben sollen, gehört auch der Bau der Großen Pyramide, die einer von Cayces Geistern als »Haus des Eingeweihten« bezeichnete. Cayce berichtete, daß mit dem Bau im Jahre 10490 v. Chr. begonnen worden sei – unter der Leitung zweier Architekten, die Hermes und Ra hießen, und daß bis zur Vollendung einhundert Jahre vergingen.

Cayces Fähigkeiten beschränkten sich nicht darauf, die Vergangenheit zu beschwören, er konnte auch voraussehen, daß Atlantis am Ende der sechziger Jahre unseres Jahrhunderts wieder auftauchen würde, was allerdings einige Nebenwirkungen mit sich brächte, darunter das Versinken von Kalifornien, New York und Japan.

Trotz seines dubiosen Leumunds als Zukunftsdeuter genießt Cayce ein hohes Ansehen bei den Verfechtern der Theorie von der Pyramidenenergie. Er wird nicht weniger als viermal in *The Secret Power of Pyramids* (Die geheime Kraft der Pyramiden) als Autorität zitiert.

Nicht nur die Hellseher gewannen Zugang zu den Quellen der Geschichte von Atlantis. 1909, im gleichen Jahr, in dem ein Tempel in der Nähe der Pyramiden entdeckt und ausgegraben wurde, gründete W.P. Phelon die Rosenkreuzer-Bewegung in Amerika. Sie war die Folge einer seltsamen Begegnung, die Dr. Phelon in *Our Story of Atlantis* (Unsere Geschichte von Atlantis) beschrieben hat.

Wegen Überarbeitung war Phelon von seinem Arzt eine Ozeanreise zur Erholung empfohlen worden. Auf der Kreuzfahrt traf Phelon einen distinguierten, graubärtigen Herrn, der seine Freundschaft suchte. Phelon hatte das Gefühl, daß diesen Mann eine Aura geheimnisvoller Irrealität umgab.

Als das Schiff sich in der Nähe einer kleinen Insel im Atlantik befand, bat Phelons Gefährte den Kapitän, Anker zu werfen und ein Boot auszusetzen. Auf Geheiß des Mannes ruderte der Doktor ihn an Land. Der alte Mann wußte offenbar, wo er zu suchen hatte: Er fand sehr rasch einen versteckten Behälter, den sie zum Schiff brachten.

Dann gab er sich zu erkennen. Er war, wie er sagte, ein direkter Sproß der Atlanteer, und in seiner Familie sei von Generation zu Generation über Tausende von Jahren hin überliefert worden, wo die geheimen Protokolle über Atlantis zu finden seien. Diese hätten er und Phelon jetzt sichergestellt.

Der Atlantis-Nachfahre hatte inzwischen Phelons Charakter so sehr schätzen gelernt, daß er beschloß, ihn in das alte Mysterium der versunkenen Kultur einzuweihen. So wurde Phelon der erste amerikanische Rosenkreuzer.

Der Rest seiner Story ist im Grunde eine Rekapitulation der Geschichte der Atlantismenschen. Unter anderem bekräftigt sie die Tatsache, daß die Angelsachsen ihre Nachkommen sind, und sie enthüllt, daß die schwarzen Völker aus Lemuria stammen. Die Tatsache, daß die Atlanteer ehemals Amerika beherrscht hatten, erklärte, warum ihre Nachkommen es so mühelos von den Indianern hatten übernehmen können.

> Auf keine andere Weise können wir die Erschlaffung und schließliche Ausrottung der rothäutigen Usurpatoren erklären, die weder das Recht hatten noch die Kraft besaßen, ihren Anspruch, den sie sich während der... Abwesenheit der wirklichen Eigentümer angeeignet hatten, zu behaupten... Er (der Indianer) mußte dem Gesetz gehorchen: Wer nicht die Schätze eines Landes zu erschließen vermag, muß seinen Anspruch an den abtreten, der es vermag.

Über ökologische Einsichten dieser Art hinaus hüllt Dr. Phelon sich verständlicherweise in Schweigen. Die Geheimnisse der Atlanteer sind den Eingeweihten reserviert. Zu unserem Glück hat einer von ihnen uns später mitgeteilt, wie eng sie mit den Mysterien von Giseh verbunden sind.

1936 veröffentlichte Dr. Spencer Lewis im Verlag der Rosenkreuzer das Buch *The Symbolic Prophecy of the Great Pyramid* (Die symbolische Prophezeiung der Großen Pyramide).

> Zur Bestätigung der in vielen alten Überlieferungen mitgeteilten Tatsache, daß die Große Pyramide nicht als Grab... sondern als eine Stätte konzipiert war, die einzig dazu bestimmt und ausschließlich dazu benutzt wurde, mystischen

Initiationszeremonien zu dienen... und ein Monument für die Bewahrung der Weisheit und eine immerwährende Prophezeiung der Zukunft sein sollte.

Die Große Pyramide ist nach Dr. Lewis ein einzigartiges Phänomen, weil unter allen ägyptischen Pyramiden nur sie nicht als Grabstätte konzipiert war. Sie war nicht nur eine Stätte der Initiation, sondern verkörperte auch in sich »gewisse fundamentale Naturgesetze«, die sich in ihren Abmessungen ausdrückten und zur Interpretation einluden. Der Bau selbst sollte seinen Betrachter zur Erkenntnis führen.

Es ist einleuchtend, daß Dr. Lewis mit einer besonderen Autorität schreibt, mit einem »Wissen«, das dem Nichteingeweihten verschlossen bleibt. Er weiß zum Beispiel, daß die Kultgeräte, die für die Riten in der Großen Pyramide verwendet wurden, nicht zerstört, sondern vor langer Zeit in geheime Verstecke gebracht wurden, wo sie von den »Eingeweihten« noch besichtigt werden können.

So wird klar, daß die Gruppe, mit der er Kontakt aufnehmen konnte, um das Jahr 820 v. Chr. gelebt haben muß, denn in diesem Jahr ließ der Kalif Al-Ma'mun eine Bresche in die starke Mauer der Pyramide schlagen und fand sie leer bis auf den sarkophagartigen Granitbehälter. In Verbindung mit seiner akademischen Beglaubigung wird Dr. Lewis durch dieses Insider-Wissen zu einer eindrucksvollen Geschichtsquelle.

Doktordiplome waren offensichtlich für die nonkonformistischen Schulen der Pyramidenforschung von nicht unbeträchtlicher Bedeutung. Akademische Titel werden in einem solchen Ausmaß präsentiert, daß man zu dem Schluß kommen muß, sie dienen als Mittel, um den Leser durch die Gelehrtheit des Autors zu beeindrucken. Aber enthalten sie nicht auch ein Versprechen, daß die Gelehrsamkeit der Bücher auf gesunden Grundlagen beruht?

Wenn man diese Annahme als richtig unterstellt, dann zeigen

die folgenden widersprüchlichen Aussagen eine interessante Problematik auf, die einer ernsthaften Untersuchung bedarf:

Trotz ihrer großen Bedeutung sind die ägyptischen Pyramiden nach Dr. Lewis nicht als die ältesten anzusehen. Diese Ehre gebührt den aztekischen, die, wie er ausführt, ihren Ursprung in einem gewölbten Bauwerk auf einer Insel mit Namen Aztlan haben. Der Name ruft natürlich die Erinnerung an Atlantis wach.

Dieser Gedanke muß als revolutionär bezeichnet werden, vor allem deshalb, weil die Azteken selbst die Gründung ihres Stadtstaates im Tal von Mexiko auf das Jahr 1376 v. Chr. datieren. Um die Dinge weiter zu verwirren, gibt es nach den bekannten Texten der aztekischen Geschichte zwei Legenden über die Herkunft dieses Volkes. Die eine läßt sie aus dem Gebiet der Sieben Höhlen in die Weltgeschichte eintreten, ein Standardmythos bei den Eingeborenenstämmen Amerikas; die andere läßt sie von einer Insel Aztlan in einem See des westlichen Mexiko einwandern.

Die Azteken hatten natürlich keine akademischen Grade, im Gegensatz zum Pyramidenenergie-Experten Dr. G. Patrick Flanagan. Und das schafft ein Dilemma, wenn ein Doktor der Philosophie einem anderen widerspricht. Lewis argumentiert, daß die Große Pyramide nach Maßen gebaut sei, die der Erleuchtung der Menschen dienen sollen. Flanagan argumentiert, daß sie der Brennpunkt für gewisse universale Energien sei. Beide Theorien schließen sich aber gegenseitig nicht aus. Tatsächlich gelingt es den Autoren Schul und Pettit, sie miteinander in Einklang zu bringen: Eine Pyramide, die psychische Energien fokussiert, muß auch ein ideales Instrument der Erleuchtung sein.

Die Schwierigkeit besteht darin, daß beide Autoren die Etymologie des Wortes *Pyramide* zum Beweis der Richtigkeit ihrer Standpunkte heranziehen. Nach Lewis leitet es sich aus dem griechischen *pyr* = Feuer oder Licht, Erleuchtung + *midas* = Maß, Plan ab. Die Griechen, behauptet er, haben es aus dem Phönizischen übernommen (*purim-middoh* = Licht-Maß).

Flanagan führt das Wort Pyramide in seinem Pamphlet *The*

Pyramid and Its Relations to Biocosmic Energy (Die Pyramide und ihre Beziehung zur biokosmischen Energie) auf das griechische *pyr* = Feuer und auf *amid* = in der Mitte seiend, zurück. In seiner Interpretation geht er davon aus, daß der Begriff Feuer in der antiken Kosmologie ein Synonym für universale Energie ist. Und er schreibt: »Das größte Geheimnis der Großen Pyramide von Giseh, des Siebten Weltwunders, ist so offenbar, daß es in dem Wort Pyramide selbst verborgen ist. Wir wollen versuchen zu beweisen, daß die biokosmische Energie das Feuer in der Mitte ist, das sich Wissenschaftlern Tausende von Jahren lang entzogen hat.«

Establishment-Lexikographen geben auf der anderen Seite frustrierend simple Analysen des Wortursprungs. Pyramide kommt nach zahlreichen Wörterbüchern von dem griechischen Wort *pyramis,* das Pyramide bedeutet und wahrscheinlich von dem ägyptischen pi-mar abgeleitet ist, das die Pyramide bezeichnet.

Das mag wie Federfuchserei aussehen, aber so sind die Beweise, die sie vorlegten, und derart krasse Ungereimtheiten pflegen nun einmal Skepsis hervorzurufen. Man ist versucht, sich an Le Plongeons mißbräuchliche Benutzung des medizinischen Doktortitels zu erinnern.

In den Annalen der konformistischen Pyramiden-Literatur geht der Rekord für den kürzesten Buchtitel an A. Lura Douglas aus Toronto, der 1932 *No* veröffentlichte. Er griff darin die Behauptung der Schularchäologen an, daß die Große Pyramide als Grabmal gedient habe. Sie war, wie Douglas schrieb, »eine positive antike Mysterienschule«. Das Buch sprach sich nicht klar darüber aus, was dort gelehrt wurde – es würden ja sonst auch keine Mysterien mehr gewesen sein –, aber es enthielt eine Beschreibung der verschiedenen Riten, zu denen wahrscheinlich die von Dr. Lewis erwähnten Kultgeräte benutzt wurden.

Der deutsche Autor Eugen Georg legte 1931 logisch aufgebaute neue Beweise für die Existenz von Atlantis und Lemuria vor. Georgs These: Der Mensch habe Millionen Jahre früher, als die Darwinisten glaubten, sich nicht aus den Primaten, sondern aus den Amphibien entwickelt. Die Drachenlegenden zum Beispiel seien Erinnerungen an die Kämpfe mit den mesozoischen Sauriern. Aber, wenn das so war, warum gab es dann keine Fossilienfunde? Die Erklärung war genial einfach. Der Evolutionsprozeß hatte in Atlantis und Lemuria stattgefunden, und die Flut hatte die Beweismittel zerstört.

Es gebe kein besseres Zeugnis für den hohen Stand, den die Zivilisation auf den versunkenen Kontinenten erreicht hatte, als die Große Pyramide, schrieb Georg. Und seine Spekulationen über ihr Potential stellen eine interessante Verbindung zwischen Piazzi Smyth' Vorstellungen und denen her, die das Monument als Ausdruck kosmischer Kräfte ansehen.

> Sie ist geometrische Weisheit in Stein und die Epitome eines fast unglaublichen mathematischen und astronomischen Wissens. Diese Wissenschaften, und dazu noch die der Geophysik, der Akustik, der Trigonometrie und die Grundlagen der Kalenderrechnung sind in den Dimensionen der Pyramide verborgen... Die Äquinoktialprogression wird durch den Kreisumfang der Pyramide, von der Bodenhöhe der Königskammer aus gemessen, angezeigt. Und es mag durchaus sein, daß ihre anderen Primelemente die Zahlen ausdrükken, die alle biologische und astrobiologische Schöpfung beherrschen.

8

Der Fluch der Mumie

Obwohl die seltsamen Geschehnisse, die der Öffnung des Grabes des jungen Pharao Tut-ench-Amun im Jahre 1922 unmittelbar folgten, nichts mit Pyramiden zu tun haben, trugen auch sie wesentlich dazu bei, den Dunstkreis des Geheimnisvollen um die alten Ägypter zu verstärken. Schon die Ausgrabung stieß auf weltweites Interesse. Die moderne Wissenschaft hatte endlich ein Königsgrab gefunden, das die Grabräuber, diese menschlichen Schakale der Antike, verhältnismäßig unberührt gelassen hatten.

Und obwohl man nicht bewußt die Spannung anzuheizen versuchte, gab die Verzögerung, die zwischen der ersten Ankündigung der Entdeckung und der Öffnung des Grabes eintrat, verständlicherweise allen möglichen Spekulationen Auftrieb. Schon vorher hatte es immer wieder Hinweise auf die Reichtümer in diesen Grabstätten gegeben, aber die Wirklichkeit hatte sich stets als enttäuschend erwiesen.

Überall wurden während der Zeit des Wartens Gerüchte gehandelt, welche Schätze Tut-ench-Amuns Grab enthalten könnte. Die Spannung hielt während des ganzen langwierigen Prozesses unvermindert an. Die Presse war in ständiger Alarmbereitschaft. Das Ganze schien ein glänzend inszeniertes archäologisches Happening zu sein, bei dem es keine Regiepannen gab.

Im Verlauf dieses Prozesses wurde dem Repertoire der Horrorgeschichten-Schreiber eine neue Legende hinzugefügt – vom »Fluch der Mumie« oder vom »Fluch der Pharaonen«. Sie lieferte der neuen Unterhaltungsindustrie, die damals in Hollywood entstand, eine Goldader, die bis heute noch nicht erschöpft ist.

Alles stimmte bei dieser Sache. Da war zunächst der Schauplatz: das legendäre Tal der Könige, eine effektvolle, einsame

Einbuchtung in der Hügellandschaft hinter der alten Königsstadt Theben. Ihre höchste Erhebung, das Horn, ragt gewaltig über ihr auf wie eine natürliche Pyramide.

Hier liegen dreißig Pharaonen der 18. Dynastie begraben, in der Ägypten den Höhepunkt seiner Machtstellung in der antiken Welt zwischen 1580 und 1321 v. Chr. erreicht hatte. Die Pyramiden von Giseh waren bereits tausend Jahre alt, als diese Grabkammern in den natürlichen Fels gehauen und mit den Schätzen gefüllt wurden, die der Gottkönig in seinem zukünftigen Leben zu besitzen wünschte. Die Herrscher hatten zu dieser Zeit bereits gelernt, daß sie die prunkvolle Selbstdarstellung der Verborgenheit opfern mußten, in der sie, wie sie vergeblich hofften, ungestört die Ruhe des Todes genießen konnten.

Die moderne Geschichte des Tales beginnt 1743, als es von einem englischen Weltreisenden, Richard Pococke, in *A Description of the East* (Eine Beschreibung des Orients) erwähnt wurde. Erste Ausgrabungen wurden von Napoleons Ingenieuren 1798 durchgeführt, aber sie hatten kein anderes Ziel als die Überprüfung der bereits geöffneten Gräber.

1815 erschien dann eine der – buchstäblich – eindrucksvollsten Persönlichkeiten in der Geschichte der Ägyptologie auf der Bühne. Der mehr als zwei Meter große italienischstämmige Giovanni Battista Belzoni war auf Londoner Varietébühnen als Athlet aufgetreten, hatte sich zum Ingenieur ausgebildet und ging jetzt nach Ägypten in der Hoffnung, sein Vermögen mit einer Wasserturbine zu machen, die er erfunden hatte. Als die Scheichs sich nicht interessiert zeigten, machte er sich an das Geschäft der Grabräuberei im Tal der Könige.

Belzoni mag nach dem Standard der modernen Archäologie nicht sorgfältig genug vorgegangen sein, aber seine Funde sind noch heute der Stolz der britischen Museen. Als er das Tal verließ, verkündete er – wie noch viele nach ihm –, daß dort nichts mehr zu holen sei. Aber Expedition auf Expedition fuhr fort, die Goldmine auszubeuten. Von 1902 an verbrachte der Amerikaner

Theodore Davis zum Beispiel zwölf Jahre dort, in denen er unter anderem die Gräber Thutmoses' IV. und der Königin Hatschepsut ausgrub.

George E. S. M. Herbert, fünfter Earl of Carnarvon, war eher ein Nachzügler unter denen, die sich mit ihrem Vermögen in die Archäologie einkauften, ohne sich zuvor einer langweiligen akademischen Vorbereitung zu unterziehen. Vielleicht sollte man hier nicht zu streng urteilen, denn sicherlich hat ihr Geld manches möglich gemacht, was sonst nicht hätte durchgeführt werden können. (Selbst die Grabräuber können sich schließlich damit verteidigen, einen wesentlichen Beitrag zur Stärkung der ägyptischen Wirtschaft geleistet zu haben, indem sie erhebliche Werte in Umlauf brachten, die sonst verloren gewesen wären.)

Lord Carnarvon war eine Art Playboy gewesen, bevor er um die Jahrhundertwende bei einem Autounfall in Deutschland schwer verletzt wurde. Weil er in der Folge an Atembeschwerden litt, ging er 1903 wegen des trockenen Klimas nach Ägypten.

Nachdem er einmal dort war, begann er sich für Ägyptologie zu interessieren und beschloß, eigene Expeditionen auszurüsten. Durch Gaston Maspero, den Generaldirektor der staatlichen ägyptischen Altertümerverwaltung, wurde er mit Howard Carter bekannt, einem jungen britischen Archäologen, der für Davis im Tal der Könige gearbeitet hatte. Die beiden waren ein gutes Team, und 1907 begann Carter für seinen Landsmann zu graben. Von Anfang an waren beide entschlossen, im Tal der Könige zu arbeiten, aber Konzessionen, die durch die Altertümerverwaltung nur spärlich vergeben wurden, waren schwer zu bekommen. Es dauerte sieben Jahre, bis es ihnen gelang, die Konzession von Davis zu übernehmen, der jetzt – der alten Tradition gemäß – das Tal auch als erschöpft erklärte. Zu diesem Zeitpunkt brach der Erste Weltkrieg aus, und danach vergingen weitere drei Jahre, bis sie ihre Expedition endlich auf den Weg brachten.

Als Professor Maspero die Konzession erteilte, warnte er Carnarvon und Carter, daß nach seiner Meinung Davis recht habe und sie Zeit und Geld nur verschleudern würden. Aber die beiden Briten waren davon überzeugt, daß zumindest ein Grab noch unentdeckt sei – das von Tut-ench-Amun. Aber wie konnten sie dessen so sicher sein?

Carter hatte die Veröffentlichungen über Davis' Arbeit studiert und wußte von drei getrennten Funden, die darauf hindeuteten, daß das Grab des jungen Königs sich in diesem Tal befinden mußte. Bei seinen ersten Ausgrabungen hatte der Amerikaner ein Lager mit vielen versiegelten irdenen Gefäßen gefunden, das in einem in den Fels auf der Hügelseite gemeißelten Loch versteckt war. Nach einem flüchtigen Blick auf ihren Inhalt – ein paar Scherben, Leinenfetzen und was man im allgemeinen als »Ramsch« bezeichnet – hatte Davis das Interesse verloren und gern dem Wunsch eines Archäologen des New Yorker Metropolitan Museum entsprochen, ihm den Fund zu überlassen. Spätere Untersuchungen zeigten auf den Gefäßen Siegel des Tut-ench-Amun und der königlichen Nekropole, der die Bestattung der Pharaonen oblag. Diese Verbindung war nach Carters Meinung ein wichtiges Indiz.

Dann hatte Davis in einem kleinen Höhlengrab einen zerbrochenen hölzernen Behälter gefunden, der Fragmente von Goldfolien mit dem Namen Tut-ench-Amuns und seiner Königin Anchesenamen enthielt. Er glaubte, das Grab des Königs gefunden zu haben, aber Carter war der Meinung, es sei viel zu klein und unscheinbar, um das Grab eines Pharao der 18. Dynastie zu sein. Schließlich, gegen Ende seiner Ausgrabung, hatte Davis eine Fayenceschale gefunden, die den Namen Tut-ench-Amuns trug.

Auf der Grundlage dieses Materials begann Carter mit seiner Suche. Fünf ergebnislose Jahre in der Backofenhitze des Tals überzeugten auch ihn, daß die Warnung sich als richtig erwiesen hatte: Da gab es nichts mehr zu finden.

1922 beschlossen Carnarvon und Carter, einen letzten Versuch zu unternehmen. Wenn auch in dieser »Saison« nichts gefunden wurde, wollten sie das Tal endgültig verlassen. Auf eine bloße Ahnung hin kehrte Carter an die Stelle zurück, an der sie ihre Suche begonnen hatten. Bei ihrem früheren Versuch in dieser sehr abgelegenen Gegend hatten sie aufgegeben, weil sie auf die Reste einiger Steinhütten gestoßen waren, denn wenn sie in dieser Richtung weitergegraben hätten, würden sie den Zugang zu dem geöffneten Grab Ramses' VI. blockiert haben. Um die Touristen nicht zu behindern, hatten sie sich entschlossen, an einer anderen Stelle neu zu beginnen. Nun hatten sie den Kreis geschlossen; eine andere Möglichkeit gab es nicht mehr.

Lord Carnarvon kehrte nach England zurück und überließ es Carter, die Sache abzuschließen. Nach dreitägiger Arbeit, am 3. November, war die letzte der Bauhütten abgerissen; sie waren bereit, in das Felsgestein vorzustoßen, das an dieser Stelle ungefähr einen Meter unter der Oberfläche begann. Als Carter am nächsten Morgen zum Ausgrabungsplatz kam, bemerkte er eine ungewöhnliche Stille, die Arbeit war eingestellt worden. Und er erfuhr sofort den Grund: Als die Arbeiter an der Stelle, wo die erste Hütte gestanden hatte, zu graben begonnen hatten, waren sie auf eine Stufe gestoßen, die in den Fels gehauen war – auf das obere Ende einer zugeschütteten Steintreppe, wahrscheinlich der Zugang zu einem Grab.

Handelte es sich lediglich um ein unvollendetes Grab, wie sie sie an anderen Stellen gefunden hatten? Würde sich herausstellen, daß es schon ausgeplündert worden war wie so viele Gräber? Diese Gedanken gingen Carter durch den Kopf, als die Arbeiter die Stufen freilegten. Sie gruben so weit nach unten, bis sie schließlich sehen konnten, daß tatsächlich ein überdachter Gang in den Fels hineinführte.

Kurz vor Sonnenuntergang hatten sie die zwölfte Stufe freigelegt, und Carter begann nun wirklich zu glauben, daß er endlich Erfolg hatte. Da war die Tür, intakt und mit dem Zeichen der königlichen Nekropole versiegelt. Wer immer dort begraben lag, war eine Persönlichkeit von Rang gewesen. Die Bauhütten

Die drei Pyramiden von Giseh.

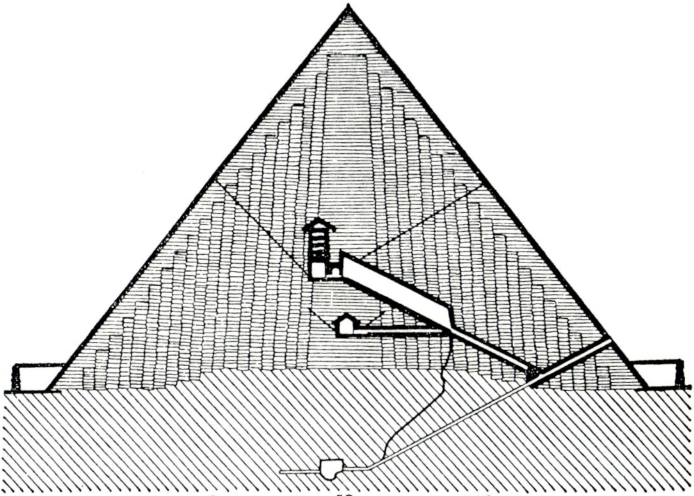

Schnitt durch die 141 Meter hohe Cheops-Pyramide.

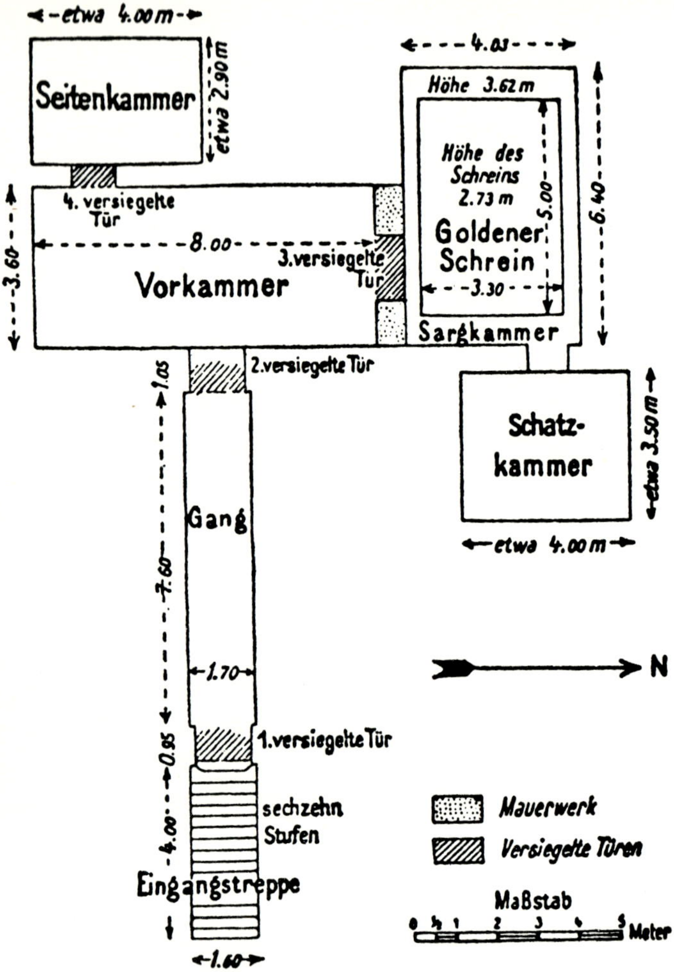

Der Grundriß des Grabes von Tut-ench-Amun, das Howard Carter 1922 entdeckte. Es ist eines der kleinsten und schmucklosesten im Tal der Könige, aber auch das einzige, das noch die Mumie des Pharao barg.

Die ›Große Galerie‹ im Innern der Cheops-Pyramide. ▶

Grabbeigabe für Ramses IV.

Sethos mit Anubi. Sethos Tempel von Abydos.

Amenophis II. mit Osiris. Grabmalerei.

Die Granitbrüche von Assuan. So wurden die riesigen Monolithe aus dem Fels geschlagen und dann nilabwärts transportiert.

über dem Grab, die der 20. Dynastie zuzurechnen waren, bewiesen, daß es zumindest seit dieser Zeit nicht geöffnet worden war.

Unter dem schweren hölzernen Türsturz bohrte Carter ein Loch, gerade groß genug für eine Taschenlampe, und spähte hinein. Er sah, daß der Gang bis zur Decke mit Steinen und Geröllschutt gefüllt war, ein weiteres Zeichen für die Sorgfalt, mit der das Grab verschlossen worden war. Es war nicht anzunehmen, daß das Grab bereits geplündert war. Er untersuchte noch einmal die Tür und nahm ein paar Zoll mehr Erde weg. Und jetzt fand er, wonach er so lange Zeit gesucht hatte: das Siegel Tut-ench-Amuns.

Sosehr Carter darauf brannte, jetzt weiter vorzustoßen, er dachte an seine Verpflichtung gegenüber Carnarvon. Er ließ die Treppe wieder zuschütten, übertrug die Aufsicht seinem vertrauenswürdigsten Arbeiter und brauste ab nach Luxor. Das Kabel, das er nach England aufgab, lautete: »Habe endlich wundervolle Entdeckung im Tal gemacht – ein großartiges Grab mit intakten Siegeln – bis zu Ihrer Ankunft wieder abgedeckt – Glückwünsche.«

Die beiden folgenden Wochen wurden mit Vorbereitungsarbeiten zugebracht, während Carter wartete. Schließlich legten sie am 24. November 1922 in Anwesenheit von Carnarvon die Tür völlig frei und fanden dabei die ersten Anzeichen, daß jemand vor ihnen dagewesen war. Die Tür hatte offensichtlich ein zweites Mal versiegelt werden müssen. Die Spannung stieg. Wieviel Schaden mochte angerichtet worden sein?

Am 25. entfernten sie die versiegelte Tür und begannen mit der Arbeit, den Gesteinsschutt hinter der Tür fortzuräumen. Auch jetzt stießen sie auf die Spuren von Eindringlingen. Um die Mitte des folgenden Nachmittags waren sie bis zu einer anderen Tür gekommen, die ebenfalls ein zweites Mal versiegelt worden war. Carter bohrte, und interessanterweise bestätigte sich der Verdacht, daß das Grab schon einmal aufgebrochen worden war.

Aber aus einem unbekannten Grund war wieder eine kleine Öffnung in der Tür. Während Lord Carnarvon, seine Tochter, Lady Evelyn Herbert, und Carters Assistent Callender wartend neben ihm standen, steckte der Archäologe eine Kerze durch das Loch, damit er zur anderen Seite schauen konnte.

In *The Tomb of Tutankhamen* (Das Grab des Tut-ench-Amun) beschreibt er die nervenaufreibenden folgenden Augenblicke:

> Zuerst konnte ich nichts sehen, da die heiße Luft, die aus der Kammer austrat, die Kerzenflamme zum Flackern brachte, aber bald darauf, als meine Augen sich allmählich an das Licht gewöhnten, tauchten langsam einzelne Gegenstände in dem Raum aus dem Nebel auf, seltsame Tiere, Statuen, und Gold – überall das Glitzern von Gold. Im ersten Augenblick – wie eine Ewigkeit muß es den Umstehenden erschienen sein – war ich sprachlos vor Überraschung, und als Lord Carnarvon, unfähig, die Spannung länger zu ertragen, ängstlich fragte: »Können Sie etwas sehen?«, war alles, was ich an Worten herausbrachte: »Ja, wundervolle Dinge.

Carter beschreibt die herrlichen Schätze, die in dieser Vorkammer gefunden wurden – sie hatten die eigentliche Grabkammer noch nicht erreicht –, sehr ausführlich, aber in seiner Aufzählung fehlen seltsamerweise zwei Dinge. Er erwähnt nicht die Tontafel mit der Inschrift: »Der Tod wird mit seinen Schwingen jeden töten, der den Frieden des Pharao stört.« Irgendwie, obwohl die archäologische Prozedur so beschaffen ist, daß solche Zufälle ausgeschlossen sein müßten, ging die Tafel verloren. Auch erwähnt Carter die Hieroglyphen auf der Rückseite der Statue nicht, die als Wächter vor einer anderen Tür am äußersten Ende der Vorkammer stand. Sie lauteten: »Ich bin es, der die Grabräuber mit den Flammen der Wüste zurücktreibt. Ich bin der Beschützer von Tut-ench-Amuns Grab.«

Aus unbekanntem Grund waren die Plünderer nach einer nur

kurzen Durchsuchung mit allen Zeichen der Hast geflohen. Auf dem Boden lag ein Schal, offenbar von einem der Plünderer fallen gelassen, in den eine Handvoll wertvoller goldener Ringe eingewickelt war. Selbst wenn die Räuber von Wachen der Nekropole gestört worden waren, warum hatten sie einen so leicht zu transportierenden Schatz weggeworfen? Dies wären doch, so rätselte Carter, die am leichtesten veräußerbaren Stücke der Beute gewesen. Er fand keine Erklärung.

Die letzte Tür, vor der die Archäologen jetzt standen, war der Eingang zu der Kammer, in der der Pharao lag. Und aus den Siegeln an der Tür war deutlich zu ersehen, daß sie dieses Mal einen Raum betreten würden, der noch keinem Lebenden sich geöffnet hatte, seitdem die Trauernden sich entfernt hatten. – Sie sollten ihn erst am 17. Februar 1923 öffnen, so lange mußten sie warten, bis die Schätze aus der Vorkammer sorgfältig abtransportiert waren.

Der Reichtum, der sie auf der anderen Seite der Tür erwartete, ist eine moderne Legende geworden. In der Mitte einer Gruppe von goldbeschlagenen Schreinen standen die Särge Tut-ench-Amuns – drei an der Zahl, jeder von einem anderen umschlossen. Die beiden ersten waren aus Holz, mit Blattgold bezogen, inkrustiert mit dem glühenden Rot von Karneolen und dem pulsierenden Blau von Lapislazuli. Aber ihr Glanz verblaßte, als die Archäologen den dritten Sarg vor sich sahen: Dieser war aus massivem Gold, so schwer, daß vier Männer benötigt wurden, um nur den Deckel anzuheben. In ihm lag die Mumie des jungen Königs, das Gesicht verdeckt unter einer Porträtmaske aus massivem Gold, Finger und Zehen ebenfalls mit Gold überzogen

Die Schätze des Tut-ench-Amun-Grabes sind der Stolz des Ägyptischen Museums in Kairo, sie füllen mehrere seiner großen Galerien mit ihrer gewaltigen Schönheit und Pracht. Und doch, das darf man nicht vergessen, war dieses Grab das eines verhältnismäßig unbedeutenden Herrschers unter den mächtigen Königen des Neuen Reiches, das eines Pharao, der zur Zeit seines Todes nicht älter als achtzehn Jahre war. Aber das ist eine andere Geschichte. –

Was uns hier interessiert, ist dies: Es waren zwanzig Männer in der Vorkammer des Grabes an dem Tag, an dem Carter die letzte Barriere beseitigte, die Tut-ench-Amuns sterbliche Überreste schützte. Innerhalb von wenigen Monaten mußten dreizehn von ihnen sterben, Carnarvon selbst war der erste. Anfang April befiel ihn im Hotel Continental plötzlich hohes Fieber. Zwölf Tage wurde er von ihm geschüttelt, dann starb er. Die Ärzte konnten nichts tun.

Eine Reihe unerklärlicher Ereignisse war mit Carnarvons Tod verbunden. Da fiel zum Beispiel in den Minuten seines Todes in Kario plötzlich der Strom aus. Die Techniker berichteten später, sie hätten keine Ursache dafür feststellen können. In seinem Buch *Der Fluch der Pharaonen* berichtet Philipp Vandenberg, Carnarvons Sohn habe ihm berichtet, daß der Foxterrier der Familie, den sein Vater besonders liebte, plötzlich zu heulen anfing, sich auf die Hinterläufe setzte und tot umfiel – genau zum Zeitpunkt des Todes seines Herrn. Aber die Hündin war in Highclere gewesen, nicht in Kairo.

Der nächste, den es traf, war Arthur Mace, der amerikanische Archäologe, der Carter beim Öffnen der letzten Tür assistierte. Mace klagte über Erschöpfung, fiel plötzlich in ein Koma und starb, ebenfalls im Hotel Continental. Die Ärzte konnten die Todesursache nicht feststellen.

Ein anderer Amerikaner, George Jay Gould, Sohn des bekannten Finanziers, war bei der unheilbedrohten Öffnung der Grabkammer nicht einmal anwesend. Er kam auf Grund des Todes von Carnarvon, mit dem er befreundet gewesen war, nach Ägypten. Es war nur natürlich, daß er auch den Ort des kurzen Triumphes seines Freundes besuchte. Er war tot, bevor der nächste Tag endete. Diagnose: Beulenpest.

Das Rad dreht sich erbarmungslos weiter. Der Radiologe Archibald Reid, der die Mumie des Pharao zur Röntgenuntersuchung präpariert hatte, starb 1924 nach einer Reihe von Schwächeanfällen. Ein anderer Besucher der Grabkammer, der britische Industrielle Joel Wool, starb kurz danach an einem Fieber.

Unter den dreizehn Angehörigen des Teams, das die Öffnung der Grabkammer durchgeführt hatte und auf der Todesliste stand, waren auch die Professoren Winlock und Foucart und die Archäologen Garry Davies und Douglas Derry. Sechzehn andere Personen, die entweder die Grabkammer betreten hatten oder mit der Mumie in Berührung gekommen waren, starben bis zum Jahre 1929.

In diesem Jahr starben auch Lord Carnarvons Frau und seine Schwester. Der Tod der Schwester löste eine Reihe von schrecklichen Ereignissen aus: Carnarvons Vater, Lord Westbury, beging Selbstmord, sein Leichenwagen überfuhr auf dem Weg zum Friedhof einen Jungen.

Bis heute ist nur eine wissenschaftliche Erklärung angeboten worden: 1962 machte der Arzt und Biologe Dr. Ezzeddin Taha von der Kairoer Universität für die Todesserie einen Pilz mit dem Namen Aspergillus niger verantwortlich, der auch als Erreger der »koptischen Krätze« gilt, eines Hautausschlags, der bei Menschen auftritt, die mit ägyptischen Papyri arbeiten. Auch wenn man annimmt, daß Dr. Taha recht hat, wird damit doch das Element des Geheimnisvollen nicht völlig beseitigt, denn, wie er ausführt, soll der Pilz widerstandsfähig genug sein, um bis zu viertausend Jahre lang in Gräbern zu überdauern. Sollte der Aspergillus niger etwa eine bakteriologische Waffe sein, die zeitresistend ist?

Aber Philipp Vandenberg spekuliert mit anderen Möglichkeiten. Eine von ihnen mußte bei denen besonderes Interesse finden, die die Ägypter für fähig halten, mit Kräften zu operieren, die sich unserem Verständnis entziehen. Er nennt sie »Bioenergie«.

9

Weisheit aus dem All

Über das Wie, Warum und Wann des Pyramidenbaues wissen wir so gut wie nichts. Da steht ein knapp 150 Meter hoher und 31200000 Tonnen schwerer künstlicher Berg als Zeuge einer unbegreiflichen Arbeitsleistung, und dieses Denkmal soll nicht mehr sein als die Grabstätte eines extravaganten Königs! Das mag glauben, wer will...

So schreibt Erich von Däniken in *Erinnerungen an die Zukunft.* Und natürlich hat er denen, die die Ansichten der konventionellen Ägyptologen über die Große Pyramide für unbefriedigend halten, eine Alternative anzubieten. Wie der deutsche Schriftsteller es sieht, weist nichts von dem, was die Archäologie bis heute an Beweisen produziert hat, darauf hin, daß die Ägypter der 2. Dynastie das notwendige technologische Wissen besessen haben, um die Pyramiden bauen zu können.

Logischerweise, so argumentiert er, müssen sie also Hilfe von außen, von einer hochentwickelten Zivilisation mit einem hohen technischen Standard erhalten haben. Wenn diese Behauptung Ihnen bekannt vorkommt und die erstaunliche Publicity Ihnen entgangen sein sollte, die die Theorien Dänikens in den letzten Jahren gefunden haben, dann sollten Sie keine voreiligen Schlüsse ziehen: Die Atlanteer sind nicht wiedergekehrt. Vielmehr ist ihr technologisches Hilfsprogramm von anderen usurpiert worden – von Besuchern aus dem All.

Unter dem Gesichtspunkt der Beweisführung befindet sich v. Däniken in einer besseren Position als Brasseur de Bourbourg, Donnelly, Le Plongeon und ihre Jünger. Obwohl ihm niemand unterstellen würde, er habe dies bewußt geplant, ist seine Theorie doch so angelegt, daß sie die Notwendigkeit einer Beweisführung von vornherein ausschließt. Anders als die Atlanteologen ist er zum Beispiel nicht mit der potentiell schwierigen Aufgabe konfrontiert, die Herkunft seiner extraterrestrischen Wesen zu belegen.

Von der gesunden Basis astronomischer und biochemischer Theorien ausgehend, stellt v. Däniken die Behauptung auf, daß es möglicherweise nicht weniger als 100000 Planeten gibt, auf denen Zivilisationen entstanden sein *könnten,* die höher entwikkelt gewesen sein *könnten* (Kursive vom Autor) als unsere gegenwärtige. Daß kein Planet mit solcher Qualität identifiziert wurde, ist völlig irrelevant. Wenn man annimmt, daß die Voraussetzung richtig ist, würde dann nicht aus der Tatsache, daß wir heute die Raumschiffahrt beherrschen, die logische Schlußfolgerung zu ziehen sein, daß die Methoden einer höher entwikkelten Zivilisation den unseren überlegen sein müssen? Und könnte ihnen nicht die interstellare Raumfahrt gelungen sein? Wenn das der Fall wäre, würde es ihnen möglich gewesen sein, die Erde von Planeten aus anzufliegen, die weit jenseits der Reichweite unserer besten Teleskope liegen. Daher könnte es v. Däniken natürlich nicht möglich sein, sie zu identifizieren.

Lassen Sie uns also einmal annehmen, daß diese theoretischen Besucher unseren Planeten irgendwann in der fernen Vergangenheit erreicht haben, irgendwann in den annähernd 44000 Jahren, die zwischen den ersten Spuren des wirklichen Menschen, des Homo sapiens in seiner zweifelhaften Glorie, und der Morgendämmerung der Geschichte liegen. Das Wort »zweifelhaft« ist hier nicht scherzhaft gemeint. Es ist in v. Dänikens Theorie impliziert, daß der paläolithische Mensch nach unserem heutigen Standard als schwachsinnig qualifiziert werden muß. Wenn wir alle diese Voraussetzungen akzeptieren, welche Auswirkungen könnten Kontakte zwischen den Menschen und extraterrestrischen Wesen gehabt haben?

Von Däniken mutmaßt, daß die wohltätigen Besucher der Menschheit auf die Sprünge geholfen haben. Verschiedene

Schritte wurden unternommen, biologischer und erzieherischer Natur, die unsere Spezies aus dem Steinzeitalter herausbrachten und ihre Zivilisation ermöglichten.

Alles hängt natürlich davon ab, ob man die Wahrscheinlichkeit dieser prähistorischen Invasion unseres Luftraums akzeptiert. Von Dänikens Argumente stützen sich auf geheimnisvolle Phänomene der prähistorischen Zeit, für die die Archäologen zugegebenermaßen bis heute keine Erklärung gefunden haben. Aber weder beschränkt er sich auf diese Phänomene, noch wertet er sie gründlich aus. Er verbreitert sein Spektrum von Möglichkeiten erheblich, indem er gewisse allgemein akzeptierte Theorien einfach als den seinen unterlegen verwirft. Die Standardrekonstruktion der Entstehung der ägyptischen Kultur ist nur ein Fall unter vielen.

Die Auswertung dieser scheinbaren Anomalien durch v. Däniken erinnert an einen früheren Pyramidenforscher, David Davidson, und seine »Befreiungsklausel«, nach der Irrtümer im Detail die Basisbehauptung nicht widerlegen, daß die Große Pyramide prophetische Zeugnisse enthalte. Beweise zählen für v. Däniken ebensowenig, wie ihn das Problem der Datierung kümmert. Solange Mysterien im Spiel sind – oder was er zu Mysterien bestimmt –, ist eine Festlegung überflüssig.

Zusätzlich zu prähistorischen technologischen Großtaten, die v. Däniken den Besuchern zuschreibt, zitiert er auch weitverbreitete Legenden von Göttern, die durch den Raum fliegen, und Inschriften, die man als von Primitiven gemalte Bilder außerirdischer Wesen interpretieren kann. Sie werden ergänzt durch neue Interpretationen der Funktion verschiedener Artefakte wie beispielsweise der Pyramiden.

Es gibt eine immer wieder zu beobachtende Gesetzmäßigkeit in der Geschichte von Ideen. Wenn die Welt reif für sie ist, scheinen sie sich in gewisser Weise selbst zu produzieren. Es ist, als ob sie Menschen suchten, um sich zu artikulieren. Das Mikroskop ist ein klassisches Beispiel: Fast gleichzeitig wurde es in drei verschiedenen Ländern von Menschen erfunden, die keine Ahnung davon hatten, daß andere in der gleichen Richtung forschten.

Das scheint auch mit v. Dänikens Theorie so zu sein: Wir haben schon Kenneth Larsons prophetische Deutung des biblischen Terminus »Fahrzeuge Gottes« erwähnt. Larson, ein Schüler Davidsons, wandte ihn auf die Ufo an. Spekulationen, daß diese Fahrzeuge Besucher aus dem Weltraum an Bord hatten, gehörten zu den bevorzugten Themen der Ufologen.

Dann brachte 1960 Brinsley le Pour-Trench – einer der auf diesem Gebiet führenden englischen Autoren – das Buch *The Sky People* (Die Himmelsleute) heraus, in dem er die Theorie aufstellte, daß der Garten Eden sich auf dem Mars befunden habe. Die Erdbevölkerung versuchte, der Großen Flut an Bord eines interplanetarischen Raumschiffs zu entkommen, das als Arche Noah in die Legende eingegangen ist. (Der Mars ist, wie wir inzwischen wissen, ein unfruchtbarer, wasserloser Planet und ist es vermutlich immer gewesen.)

Das ist natürlich eine etwas andere Interpretation des Mythos, der eine so hervorragende Rolle in der Beweisführung Donnellys spielt. Aber vielleicht könnte das Buch des jungen F. S. Oliver, das schon 1884 geschrieben wurde, eine Brücke zwischen den Theorien der Atlanteologen und v. Dänikens schlagen. War Phylos etwa nicht ein »Bewohner zweier Planeten«? Leider scheinen die beiden Schulen auf diesem Weg nicht weit genug vorangekommen zu sein, um eine Beziehung zueinander zu finden. Tatsächlich sind sie schon über ein anderes Beweisstück in Streit geraten.

Die Karten des Piri Reis stellen die Kartographen vor ein unlösbar scheinendes Rätsel. Mehrere Karten und ein Atlas, die Eigentum dieses türkischen Admirals waren, schlummerten seit ihrer Entdeckung im frühen 18. Jahrhundert unbeachtet in Museen. Seit ihrer Wiederentdeckung haben sie zu einer ziemlichen Kontroverse geführt. Das geographische Wissen, das sie zeigen, stand einfach nicht zur Verfügung, ehe die Erde von Satelliten aus photographiert werden konnte. Nach v. Dänikens Meinung beweist das, daß vor Jahrtausenden »diese Kartographie unseres Erdballs von einem sehr hoch fliegenden Flugzeug oder von einem Raumschiff aus gemacht« wurde. Bis auf einen Punkt stimmen die Atlanteologen dieser Schlußfolgerung zu. Edgar Evans Cayce, der Sohn des Hellsehers Cayce, hält die Landkarten des Piri Reis für einen Beweis, daß – wie sein Vater behauptet hatte – die Atlanteer die Raumfahrt beherrschten.

Konventionelle Geographen geben unumwunden zu, daß sie im Augenblick einfach noch keine Erklärung für die Genauigkeit dieser Karten haben. Von Däniken ist aber nicht willens, eine solche schulterzuckende Arroganz zu tolerieren. Er hat eine Antwort, verkündet er, und wenn die Fachwissenschaft nicht so unbeweglich an ihrer vorgefaßten Meinung über die Entwicklung der menschlichen Rasse festhielte, müßte sie ihm zustimmen.

Wie das Zitat am Beginn dieses Kapitels zeigt, hat v. Däniken für die konventionelle Wissenschaft die gleiche geringschätzige Verachtung wie Le Plongeon. Sie scheint sich jedoch zumindest teilweise auf eine gewisse Ungereimtheit in den Methoden dieser Wissenschaftler zu gründen. Da die Unzulänglichkeit ihrer Techniken eine so wichtige Rolle bei der Begründung seiner eigenen Theorien spielt, sollten wir seine Vorwürfe einmal an der Wirklichkeit der wissenschaftlichen Arbeitsmethoden von heute messen.

Im ersten Teil seines Buches führt von Däniken als Beweis für seine These einige Skelette an, die, wie er sagt, nach der C-14-Methode auf 4500 Jahre v. Chr. datiert werden. An einer späteren Stelle in demselben Buch beklagt er sich über die Unzulänglichkeiten dieser Methode, indem er darauf hinweist, daß ernsthafte Forscher ihm gesagt hätten, das Alter einer organischen Substanz zwischen 30000 und 50000 Jahren könne damit nach Belieben und Wunsch bestimmt werdne. Von Däniken hat seine Skelette natürlich an der äußeren – und deshalb am wenigsten wahrscheinlichen – Grenze dieser Zeitspanne datiert.

In Wirklichkeit ist es so, daß reputierte Wissenschaftler seit langer Zeit schon nicht mehr die Karbon-14-Methode anwenden, wenn nach ihrer Meinung ein Gegenstand mehr als 40000 Jahre alt ist. Und da sie sich durchaus darüber klar sind, daß die Ungenauigkeit der Technik bei ihrer Anwendung auf sehr große Zeiträume wächst, vermeiden sie es bewußt, exakte Daten für ihre Funde zu nennen. Die Toleranzgrenze wird immer mit angegeben. Ein Objekt kann zum Beispiel mit 11300 ± 500 Jahre v. Chr. datiert sein. Die Plus-Minus-Marge zeigt die mögliche Ungenauigkeit der Datierung an.

Da v. Däniken verständlicherweise hierdurch die Glaubwürdigkeit seines eigenen Beweismaterials gefährdet sieht, fordert er neue, verbesserte Datierungstechniken, wobei er unterstellt, daß die Karbon-14-Methode das einzige Hilfsmittel ist, das den Prähistorikern heute zur Verfügung steht. Glücklicherweise steht es damit nicht ganz so schlimm, wie er zu glauben scheint. Seine Skelette hätten mit weit größerer Genauigkeit datiert werden können, wenn er sich einer der folgenden Methoden bedient hätte.

- *Racemisierung* – die neueste Technik, die auf einer Messung der Veränderungen in den Aminosäuren in Knochen beruht. Ein Vergleichstest mit der Karbon-14-Methode hat parallele Daten erbracht, aber die Racemisierung hat bei erheblich größeren Zeitspannen einen weit geringeren Genauigkeitsverlust zu verzeichnen.

- *Fluor-Messung* – die die berüchtigte Fälschung des Piltdown-Schädels aufgedeckt hat. Diese Methode ist nicht so vielseitig anwendbar, der Prozeß beruht auf Messungen der vom Grundwasser absorbierten Chemikalie.

- *Kalium-Argon-Messung* – Ein Isotop Kalium-40 zersetzt sich in einem bekannten Verhältnis, bezogen auf Argon-40, ein inaktives Gas, das in Kristallen kaliumhaltiger Minerale abgefangen wird. Indem man den Argon-Gehalt dieses Minerals bei einem in Zusammenhang mit fossilen Knochen stehenden Fund bestimmt, mißt man indirekt das Alter. Diese Methode wird üblicherweise bei höchstens 20000 Jahre alten Funden angewendet.

Je nachdem, wo und in Verbindung womit diese Skelette gefunden werden, kann auch eine Vielfalt anderer Techniken angewandt werden. Die *Dendrochronologie* erweist sich oft als brauchbar, um das Alter von Baumfunden zu bestimmen. *Archäomagnetismus* kann sehr genaue Daten für die Fundstätten prähistorischer Feuerstellen liefern. *Thermoluminiszenz* kann das Alter von Feuerstein-Geräten und -Waffen messen.

Von Däniken stellt auch die Forderung auf, daß die Archäologen und Wissenschaftler anderer Disziplinen zusammenarbeiten sollen, um ihren Horizont zu erweitern. Aber auch jetzt schon ist eine andere Datierungstechnik durch die Warvenforschung – Warven nennt man die Sedimente, die sich beim Rückzug des Gletschereises ablagern – direkt aus der Geologie abgeleitet. Daten allgemeiner Art werden durch die Pollenanalyse in Bodenproben geliefert, die der Ausgangspunkt für ein neues Forschungsgebiet wurde – die Paläobotanik. Die Paläontologen arbeiten bei der Datierung mit durch ihre Kenntnis der verschiedenen prähistorischen Tierarten, die den durch klimatische Änderungen bestimmten jeweiligen Lebensbedingungen einer Erdperiode zuzuordnen sind. Und damit ist bei weitem nicht das Repertoire des Archäologen erschöpft oder das der anderen Disziplinen, bei denen er sich oft Hilfe holt.

Auch v. Dänikens anthropologische Deutungen bedürfen einiger Anmerkungen. Als ein Beispiel für die Art von Signalen, die überall in der Welt als Richtungsmarkierungen für antike Astronauten errichtet worden sein könnten, führt er eine 250 Meter hohe seltsame Zeichnung an, die in die hohe Wand der Steilküste in der Bucht von Pisco (Peru) eingemeißelt ist. Von

Däniken schreibt dieses Monument der Nazca-Kultur zu, die der Inka-Zeit vorausging, und behauptet, daß Wissenschaftler dieses Phänomen nur »durch einen Dreh ins große Mosaik der bisherigen Forschungsmethode hineinzaubern« könnten.

Unglücklicherweise machte er den Fehler, dem Beweisstück ein Photo beizufügen. Man braucht kein Gelehrter zu sein, um es zu identifizieren. Man könnte es einem ungebildeten Cuña in Panama oder einem Navajo im Südwesten der USA zeigen: Sie würden es auf der Stelle als ein Bild des Lebensbaums erkennen, eines der universalsten Symbole der Indianervölker.

Auf der anderen Seite gibt v. Däniken mit seiner Beschreibung einige Rätsel auf, die kein Gelehrter leicht lösen wird. Ein langes Seil, so erzählt er uns, »wurde in der mittleren Säule dieses Steinbildes gefunden! Ob es damals als Pendel diente?«

Übergehen wir einmal die Tatsache, daß die Nazcas etwa 200 v. Chr. bis 600 n. Chr. gelebt haben. Die Wege der extraterristrischen Astronauten sind unerforschlich, und sie mögen in jenen vergangenen Zeiten einen weiten Bogen um die Alte Welt geschlagen haben – aus Gründen, die wir nicht wissen können. Und wir dürfen versichert sein, daß eine außerirdische Technologie durchaus in der Lage gewesen sein mag, ein Seil zu fabrizieren, das an einer Klippe viele Jahrhunderte überdauerte. Das sind Bagatellen im Vergleich zu der Vorstellung, wie Weltraumbesucher es fertigbrachten, ein Seil in eine Säule zu schlingen, die in den Fels einer Klippe eingemeißelt war. Zweifellos mußte für so fortgeschrittene Wesen die Erbauung der Großen Pyramide ein Kinderspiel gewesen sein.

Zur Vervollständigung des soziologischen Kursusprogramms v. Dänikens sei uns ein Abstecher in die orientalische Geschichte erlaubt. Zweifellos würde v. Däniken es mit Erleichterung zur Kenntnis nehmen, daß eines seiner Mysterien durch die Übersetzung einer Inschrift gelöst werden kann.

Da gibt es, berichtet er uns, »in Delhi einen alten Pfeiler aus Eisen, der weder Phosphor noch Schwefel enthält und daher durch Witterungseinflüsse nicht zerstört werden kann«. Ein kleines Problem taucht allerdings bei seiner Beschreibung dieses Achten Weltwunders auf: Einmal spricht er von einem »Pfeiler aus Eisen«, an einer anderen Stelle von einem »aus Eisen zusammengeschweißten Pfeiler... der... von Ingenieuren gegossen« wurde. Stücke von Gußeisen könnten sicher zusammengeschweißt sein, aber das wirft die Frage nach der Identität auf, denn es existiert in Delhi eine gußeiserne Säule, die durch indische Poststempel international bekannt geworden ist. Und diese Säule hat Tausende von Jahren überdauert, ohne zu rosten – etwas über zwei, um genauer zu sein.

Die indische Regierung hat sie als nationales Symbol gewählt, um den Friedenswunsch ihres Landes zu demonstrieren. Sie ist zwar die einzige aus Eisen gefertigte, gehört aber zu einer Anzahl von Säulen, die Kaiser Asoka, Herrscher über Nordindien, im zweiten vorschristlichen Jahrhundert hatte errichten lassen. Er war ein mächtiger Eroberer gewesen, lehnte aber den Krieg ab, nachdem er zum Buddhismus übergetreten war, und ließ überall in seinem Reich diese Monumente aufstellen, deren Inschriften eher moralische Richtlinien als die sonst übliche Selbstverherrlichung eines Herrschers enthielten.

Die Widerstandsfähigkeit der Säule gegen Rost ist nicht darauf zurückzuführen, daß sie aus irgendeiner »unbekannten Eisenlegierung aus dem Altertum« besteht, wie v. Däniken annimmt – genau das Gegenteil ist der Fall. Eine Legierung ist eine Kombination von Metallen; Asokas Säule besteht aus Eisen, das so frei von Verunreinigungen ist, daß eine dünne Oxydationsschicht einen Schutzmantel bildet, der weitere Oxydierung verhindert. Das ist wohl eher der Beweis für das technologische Können indischer Handwerker als für das extraterrestrischer Berater.

In v. Dänikens Lehrprogramm gehört auch die Geologie. Er spekuliert zum Beispiel über den heiligen Brunnen in Chichen Itzá in Yucatán, in den die Mayas Menschenopfer warfen, und er fragt sich, warum sie diesen Brunnen als heilig betrachteten.

Er deutet die Möglichkeit an, daß er seine Existenz einem Meteoriten verdankt.

Abgesehen davon, daß Meteoriten im allgemeinen keine hübschen, abgezirkelten Löcher produzieren wie das in Chichen Itzá (die Aufschlagswucht auf dem festen Erdboden hat gewöhnlich explosive Wirkung), haben Unterwasser-Archäologen den Brunnen genau vermessen und dabei festgestellt, daß es sich um einen typischen *Cenote* handelt. Ein Cenote ist ein Schlundloch in dem porösen Kalkplateau, dessen Oberfläche, unterminiert durch langes Versickern, eingestürzt ist.

Schließlich könnte ein wenig biologische Grundlagenkenntnis v. Däniken behilflich sein, die manchmal peinlichen Fallgruben sexueller Ignoranz zu vermeiden. Der Archäologe V. Gordon Childe prägte den Begriff Neolithische Revolution, um den großen Sprung nach vorn zu kennzeichnen, der die Spezies Mensch zu dem hinführte, was wir Zivilisation nennen. In Kapitel XI werden wir sehen, worauf ihre Entwicklung vor allem in Ägypten und ihre Antriebskräfte nach allgemeiner Ansicht zurückzuführen sind. Von Däniken hat dafür eine etwas andere Erklärung. Die Extraterrestrier sind, wie er es sieht, den rückständigen Eingeborenen als Götter erschienen. Daher finden wir in den mythologischen Erzählungen über die Taten der Götter einen Bericht über die Tätigkeit der Besucher aus dem Weltraum. Von Däniken erklärt die Neolithische Revolution als einen evolutionären Sprung. Seine Quelle ist *Genesis* 6, 1–2:

> Als die Menschen angefangen hatten, sich auf dem Erdboden zu mehren, waren ihnen Töchter geboren worden. Da sahen die Göttersöhne, daß die Menschentöchter schön waren, und sie nahmen sich zu Weibern, soviel sie wollten.

Diese Göttersöhne waren in den Mythen alternativ »Riesen« oder »Engel«. Nach v. Däniken bezeichnen beide Begriffe junge Extraterrestrier. Sie bringen die Menschheit auf der evolutionären Leiter zwei Stufen höher, indem sie ihre Frauen befruchten.

Das klingt mehr nach etwas, was man von einer Besatzungsarmee erwartet, als von freundlichem Besuch. Aber an einer anderen Stelle fühlt v. Däniken sich zu der Klarstellung veranlaßt, es habe sich um eine künstliche Befruchtung gehandelt. Er gibt allerdings keine Quelle für diese enttäuschende Mitteilung an.

Wenn die Göttersöhne Techniken künstlicher Befruchtung anwandten, dann müssen wir annehmen, daß sie nicht auf ihr Vergnügen aus waren. Und das ist recht traurig, denn es müßte ihnen doch sicherlich ein leichtes gewesen sein, die Chance zu nutzen.

Alles hängt von dem einen Wort »Befruchtung« ab. Wenn v. Däniken gesagt hätte, daß die Besucher chirurgische Techniken anwandten, um die weiblichen Gene zu verändern, dann wäre er im Bereich des Möglichen geblieben. Aber sofern die außerirdischen Wesen nicht alle bekannten genetischen Gesetze außer Kraft setzten, würde eine solche Kreuzung die Assistenz der altmodischen Art von Göttern erfordert haben, deren Kräfte über jede Technologie, primitiver oder fortschrittlicher Art, erhaben waren.

Wenn zwei Lebewesen, die so eng miteinander verwandt sind wie das Pferd und der Esel, beide der Familie der Equidae angehörend, durch ihre Paarung nichts Besseres zustande bringen als sterile Hybriden, was sollte dann ein armes Weib mit einem Geschöpf bewirken – wie stramm und engelhaft es auch sein mochte –, dessen Gene aus einem anderen Sonnensystem stammten? Interssanterweise gibt es hier einen sehr relevanten Mythos, den wir gleich einmal unter die Lupe nehmen wollen.

10

Mythische Erinnerungen

Als das Alte Testament noch allgemein als buchstabengetreue Wahrheit akzeptiert wurde, baute John Taylor darauf seine Thesen auf. Zweiundzwanzig Jahre später, als der Einfluß des Darwinismus die gesamte intellektuelle Welt erfaßt hatte, behandelte Donnelly es als Mythos. Immerhin erkannte er an, daß ihm geschichtliche Wahrheiten zugrunde lägen. Jetzt haben wir v. Däniken, der dies wiederholt und gleichzeitig andeutet, daß konventionelle Wissenschaftler blind für das geworden sind, was diese Fenster an Ausblicken in die Prähistorie bieten.

Wie stellt sich die etablierte Wissenschaft zur Mythologie als Informationsquelle? Wie gesagt – Darwin war eher das Endprodukt einer neuen Orientierung der Wissenschaft als ihr Innovator. In ihren eigenen Kreisen hatten die Wissenschaftler längst die Scheuklappen vor der Vergangenheit abgestreift. *Origin of Species* erregte Aufmerksamkeit, weil es das so lange gültige Postulat der Bindungen des Menschen an die Gottheit in Abrede und die Wahrheit der Bibel zur öffentlichen Diskussion stellte. Achtzig Jahre später wurde dieser Kampf noch immer mit Erbitterung geführt, wie der berühmte Scopes-Prozeß in Tennessee beweist.

Aber noch waren solche Strömungen nicht nach außen gedrungen, als der Althistoriker George Grote 1846 erklärte, der Beginn der griechischen Geschichte müsse für das Jahr 776 v. Chr. angenommen werden. Das war das Jahr der ersten Olympiade, das früheste zuverlässig aufgezeichnete Ereignis. Alles, was diesem Ereignis vorausging, verwies Grote in den Bereich »epischer Poesie und Sage. Diese unterschiedlichen Dinge miteinander zu vermischen, ist nach meinem Urteil essentiell unphilosophisch.«

Drei Jahrzehnte lang war diese bilderstürmerische Attitüde Mode. Dann brachte ein entschlossener Amateur mit nur geringer formaler Bildung die Gelehrten wieder auf den Erdboden zurück. Sein Werk führte zur Geburt einer neuen Disziplin, der Prähistorie, in der Mythen als mögliche Schlüssel betrachtet werden, die man dem Test der Archäologie unterwerfen kann.

Der Mann war Heinrich Schliemann, deutschstämmiger Großvater des etwas fragwürdigen Atlanteologen Paul Schliemann. Aus einer armen Familie stammend, hatte der ältere Schliemann schon früh anfangen müssen zu arbeiten und war daher nicht in den Genuß eines Studiums gekommen, das seine wohlhabenden Zeitgenossen als unabdingbar für einen Mann von Geist hielten. Aber Schliemanns »Defekte« waren rein finanzieller Art, und er erlaubte ihnen niemals, die Ausübung seiner Intelligenz zu behindern. Ganz im Gegenteil: Er gebrauchte diese Intelligenz, um seine Defekte zu korrigieren, ohne – wie das so oft bei Selfmademen der Fall ist – sein eigentliches Ziel aus dem Auge zu verlieren: das Geld zu verwenden, statt es anzuhäufen. Im Alter von achtundvierzig Jahren hatte Schliemann im internationalen Handelsgeschäft ein Vermögen erworben, das es ihm gestattete, sich nach Griechenland zurückzuziehen und mit der Arbeit zu beginnen, die ihm wirklich am Herzen lag.

An die Spitze der Liste seiner Passionen hatte Schliemann den griechischen Dichter Homer gesetzt. Zweifellos kannte er Grotes Ansichten, aber der deutsche Geschäftsmann war eine sehr eigenwillige Persönlichkeit. Er war davon überzeugt, daß die beiden großen Epen, die *Ilias* und die *Odyssee*, auf wahren Begebenheiten beruhten, und er war entschlossen, das zu beweisen. Schliemann verfügte über Geld, und er beabsichtigte, es zu gebrauchen, um einen Mann zu rechtfertigen, der – vielleicht selbst eine mythische Figur – vor mehr als sechsundzwanzig Jahrhunderten gelebt haben soll.

Und er rechtfertigte Homer, in vierzehn Jahren erstaunlich erfolgreicher Ausgrabungen. Schliemann begann damit, den geographischen Hinweisen bei Homer folgend, nach Troja an der türkisch-asiatischen Küste zu suchen. Er brauchte nicht lange dazu, die Stadt zu finden – oder vielmehr die Städte, denn Troja erwies sich als eine Landschaft, die seit alten Zeiten von Menschen bewohnt war, und es gab eine ganze Reihe von Städten, eine unter der anderen liegend und weit in die Vorzeit zurückreichend.

Dann begab sich Schliemann nach Griechenland selbst, um die Heimat der achäischen Eroberer Trojas zu finden. Als Führer dienten ihm auch hier die alten Epen. In Mykenä, Tiryns und Orchomenos entdeckte er eine herrliche Kultur, die dem modernen Menschen völlig unbekannt war, seit langer Zeit verschollen und nur in den Versen eines antiken Dichters lebend.

Was hatte Schliemann bewiesen? Nicht daß Homer sich als buchstäblich wahrheitsgetreu erwies, aber daß bei Homer Wahrheit zu finden war. Als die archäologischen Methoden verbessert wurden, haben sich Schliemanns Interpretationen in zunehmendem Maße als fragwürdig erwiesen. In seinem Bestreben, sich möglichst genau an Homer zu halten, identifizierte er zum Beispiel die reichste Schicht der trojanischen Ausgrabungsstätte als das von den Griechen geplünderte Troja. Genauere Datierungsmethoden haben gezeigt, daß sie einer sehr viel früheren Zeit angehört, als daß sie Schauplatz der von Homer geschilderten Belagerung hätte sein können.

Typischer für die Rolle der Mythologie in der modernen Archäologie ist Arthur Evans' Rekonstruktion der Kultur, die sich in der Bronzezeit auf Kreta entwickelt hat. Evans, ein Mann mit einem untrüglichen Auge für Kunst und einem fast intuitiven Gefühl für die zeitliche und örtliche Einordnung der Kunstwerke, gehörte zu denen, die nach Athen gingen, um Schliemanns Funde zu untersuchen. Der Engländer wurde sofort mißtrauisch gegenüber der Datierung der Fundgegenstände in die Zeit des Trojanischen Krieges, wodurch sie nach der Überlieferung in der Zeit um 1190 v. Chr. entstanden sein mußten. Er war überzeugt davon, daß sie beträchtlich älter waren.

Zwei andere Dinge irritierten ihn: Zum einen waren diese exquisiten Kunstwerke offensichtlich das Resultat eines Bildungsprozesses, der eine lange Zeit bis zu seiner Vollendung benötigt hatte. Wo, fragte er sich, waren ihre Vorläufer? Zweitens – und das war noch irritierender – waren, wie er vermutete, dünne Kratzspuren an den Gold-, Silber- und Bronzegegenständen von den anderen übersehene und bisher nicht bekannte Schriftzüge.

Es dauerte Jahre, bis Evans seinem Verdacht nachgehen konnte. Dann fand er nach seiner Rückkehr nach Athen in einem Trödlerladen eine Anzahl anscheinend antiker Siegel. Auf ihnen erkannte er diese mysteriösen Kratzer wieder. Auf seine Frage antwortete ihm der Ladeninhaber, die Siegel stammten aus Kreta und seien dort häufig zu finden.

Diese große Insel in der Ägäis war von den Archäologen des 19. Jahrhunderts wenig beachtet worden, weil sie sich hauptsächlich auf das griechische Festland als Mutterland der klassischen Kultur konzentriert hatten. Aber Schliemann hatte geplant, dort Ausgrabungen durchzuführen, denn die Insel spielte eine hervorragende Rolle in seinem geliebten Homer. Neunzig Städte sollte dieses »reiche und liebliche« Land haben, unter ihnen die große Königsstadt Knossos, in der König Minos herrschte. Es gab jetzt noch ein kleines Dorf an der Nordküste mit Namen Knossos, und dieses Dorf war das Ziel des deutschen Archäologen gewesen, aber Streitigkeiten um Eigentumsrechte hatten den Plan bis zu seinem Tode (1890) vereitelt.

Zu der Zeit, als Evans im Jahre 1900 dort eintraf, hatte ein einheimischer Amateur bereits genügend Arbeit hineingesteckt, um zu beweisen, daß es in der Tat in Knossos einiges zu entdecken gab. Er hatte das Projekt wieder fallenlassen. Seine Schaufeln hatten Mauern aus riesigen Felsbrocken freigelegt und große Krüge ausgegraben, die offensichtlich Vorratszwecken gedient hatten. Diese vor allem zogen Evans' Aufmerksamkeit auf sich. Die Möglichkeit, daß er hier tatsächlich eine neue Form geschriebener Dokumente entdeckt und den Beweis gefunden hatte, daß in Knossos, wie bei Homer zu lesen war, ein königlicher Palast gestanden hatte, reichten aus, um den Archäologen in Entzücken zu versetzen, besonder zu dieser Zeit. Wieder waren neue schriftliche Zeugnisse der Geschichte aufgetaucht, kurz nachdem Paul Emile Botta die Bibliothek Assurbanipals in der assyrischen Hauptstadt Ninive gefunden hatte.

Was Evans hier entdeckte, war die Minoische Kultur, die früheste in Europa – die Baikie später als Platons Atlantis ausgab – und zugleich der Ursprung der Schliemannschen Achäischen Festlandkultur, die besser unter dem Namen Mykenische Kultur bekannt ist.

Es hatte eine Menge Hinweise gegeben, nicht nur bei Homer, daß Kreta Schauplatz außergewöhnlicher Ereignisse gewesen war. Im 5. Jahrhundert v. Chr. hatte der griechische Geschichtsschreiber Thukydides geschrieben: »Minos war nach der Überlieferung der erste, der eine Flotte gebaut und ein Reich im Ägäischen Meer gegründet hatte.« Er schrieb auch, daß der Herrscher Tributzahlungen von den Festlandgriechen verlangt hatte. Und Aristoteles hatte über die Lage der Insel geschrieben: »Die Natur scheint sie dazu bestimmt zu haben, über Griechenland zu herrschen.«

Aber vor allem gab es die Sagen, und diese sollten in Evans' Interpretationen seiner Funde eine hervorragende Rolle spielen. Was erzählen sie uns von der Minoischen Kultur? Wie stimmen sie mit dem Beweismaterial der Archäologie überein? Und ist aus ihnen etwas über die Aktivitäten extraterrestrischer Astronauten zu entnehmen?

Die Folge von Ereignissen, die zu der Minoischen Kultur führten, war – wie so oft – von dem umherschweifenden Auge des Zeus initiiert worden. Dieses Mal hatte der Gott ein lustvolles Verlangen nach Europa verspürt, der liebreichen Tochter des Agenor, des Königs von Tyros. Trotz seines höchsten Ranges im griechischen Pantheon hatte Zeus seine Befehlsgewalt niemals gegenüber seinen nahöstlichen Rivalen geltend gemacht. Er war daher ständig gezwungen, Kriegslisten anzuwenden, wenn er mit den Töchtern der Sterblichen schäkern wollte. In diesem Fall bediente er sich der List, sich in einen großartigen weißen Stier zu verwandeln und sich in Agenors Rinderherde zu verstecken, die an dem Meeresufer weidete, wo Europa und ihre Hofdamen gewöhnlich ihren täglichen Spaziergang machten. Wie der Gott es vorausgesehen hatte, war Europa von dem hübschen, freundlichen Tier so angetan, daß sie auf seinen Rücken kletterte, um auf ihm zu reiten. Zeus galoppierte prompt mit ihr ins Meer und brachte sie über fast tausend Kilometer an seine Geburtsstätte auf Kreta.

Vielleicht um die physischen Disparitäten zu kompensieren, denn eine Prinzessin war, wie man voraussetzen konnte, eine Jungfrau, veränderte er sich dort noch einmal rasch in einen Adler und ließ als solcher keine Zweifel bei Europa über seine Absichten. Diese führte er so effektiv aus, daß sie ihm drei Söhne gebar – Sarpedon, Rhadamanthos und Minos, der König der Insel Kreta wurde.

Wie seine Mutter war Minos dazu verdammt, sein Liebesleben durch einen Stier kompliziert zu sehen. Poseidon, der Gott des Meeres und der Erdbeben, war für die Kreter von besonderer Wichtigkeit, da sie mit beiden ja reichlich versorgt waren. Und wie Homer in der *Ilias* schrieb, »der Erschütterer erfreut sich an Stieren«. So wurde Minos aufgefordert, als Zeichen seines guten Willens regelmäßig prächtige weiße Stiere zu opfern.

Schließlich begann der König, der die Vorteile des Friedens, den ihm diese Opfer sicherten, durchaus schätzte, sich doch über die Verschwendung zu ärgern, die dieses Abstechen so wertvoller Zuchtstiere bedeutete, und er sann auf ein Mittel zu sparen. Er opferte ein Sparmodell und überpinselte seine Makel kunstvoll mit weißer Farbe.

Es war Pech für Minos, daß Poseidon die Täuschung entdeckte, doch hätte es noch schlimmer kommen können, denn der

Gott entschied sich für eine Strafe, die diesem Verbrechen angemessen war, und verzichtete darauf, seine schreckliche Macht zu gebrauchen: Er infizierte Pasiphae, die königliche Gemahlin des Minos (und Pinselschwingerin), mit einer unstillbaren Begierde nach einem Stier. Als Frau von nicht geringer Entschlußkraft bewies Pasiphae, daß sie dieses Problem durchaus zu meistern verstand, und brachte ein Ungeheuer zur Welt, halb Mensch, halb Stier, das Minotaurus genannt wurde.

Dädalus, der Architekt des Minos, entwarf einen Labyrinth genannten Irrgarten, um dieses Geschöpf unterzubringen, dessen Lieblingsspeise menschliche Wesen waren. Dädalus bekam bald Grund, seine Kunstfertigkeit zu bedauern, mit der er dieses ausbruchsichere Gefängnis gebaut hatte, denn er fiel in Ungnade bei Minos und wurde selbst mit seinem Sohn Ikarus in dieses Labyrinth geworfen. Dädalus baute für sich und seinen Sohn Flügel, um aus dem Verlies herauszufliegen, aber der Knabe starb bei dem Ausbruchsversuch.

Minos hatte andere Bezugsquellen für die von seinem Stiefsohn bevorzugten Nahrungsmittel. Er erhob einen Tribut bei den Städten des Festlandes, die ihm regelmäßig junge Männer und Mädchen als Leckerbissen für den Minotaurus zu schicken hatten. In Athen, das je sieben von ihnen alle neun Jahre liefern mußte, stellte sich der Königssohn Theseus freiwillig zur Verfügung und gelobte, das Monster zu töten. Das gelang ihm, und er fand auch den Weg zurück aus dem Labyrinth mit Hilfe der Tochter des Minos, die sich in den gutaussehender Athener verliebt hatte. Das Ende dieser idyllischen Affäre war, daß er sie auf der Insel Naxos, wohin sie geflohen waren, sitzenließ.

Diese Sage mag sich eher wie das Programm eines Sextheaters ausnehmen als auf geschichtlicher Überlieferung beruhend. Aber als Evans den Palast von Knossos ausgrub und restaurierte, entdeckte er, daß in den Mythen Spuren der Erinnerung an eine frühere Wirklichkeit enthalten waren. Die Konstruktion des Palastes selbst enthüllte eine dieser Assoziationen. Er schien eine zufällige Anhäufung von Bauteilen zu sein, denen nicht die meisterhafte Planung eines Architekten zugrunde lag, wie sie etwa für ägyptische Projekte charakteristisch ist, ein Labyrinth von Räumen und Durchgängen, in denen ein Fremder sich leicht hätte verirren können.

Der Stier war ein sich ständig wiederholendes Thema der minoischen Künstler – in kleinen Statuen und in großen Fresken dargestellt –, und in abstrakter Form waren seine Hörner offenbar eines der heiligsten religiösen Symbole. Die Rollen von Zeus und Poseidon stammten wohl aus einer späteren Zeit. Sie reflektierten die patriarchalische Grundhaltung der Griechen ebenso wie das den Frauen in den Mythen zugeschriebene Los. Denn die einzige in der minoischen Kunst dargestellte Gottheit war die Mutter-Göttin.

Die Bronzezeit, die Blütezeit des minoischen Kreta, war eine Periode des Übergangs, in der die weiblichen Gottheiten früherer Fruchtbarkeitskulte durch männliche Götter verdrängt wurden. Die kretischen Frauen, wie sie Wandgemälde und andere Kunstwerke zeigen, genossen mehr Freiheit als ihre späteren Geschlechtsgenossinnen. Sie sind zumindest dem Manne gleichgestellt, sie werden im Gewand der Göttin selbst dargestellt. Dieses Gewand war bemerkenswert: tief dekolletiert, die Brüste freilassend, mit schwingendem, glockenförmigem Rock.

Der Stier als Symbol der Männlichkeit war angemessener Ausdruck einer Religion, deren Grundcharakter das Fruchtbarkeitsprinzip war. Ein häufig dargestelltes Ritual, in dem der Stier eine beherrschende Rolle spielt, erinnert unmittelbar an die Theseus-Sage. Einige Gelehrte wollen darin sogar den Ursprung des Stierkampfes entdeckt haben.

In den Wandgemählden sehen wir spärlich bekleidete junge Männer und Frauen, die eine gefährliche, schwierige artistische Leistung zeigen. Wenn der Stier auf sie losstürmt, ergreifen sie die sie attakkiernden spitzen Hörner, lassen sich hochwerfen, landen mit einem Salto auf dem Rücken des Stiers und springen dann über ihn hinweg auf den Boden – ein Sport, bei dem es wohl eine Menge Verluste gegeben haben muß. Hinweise, daß der Palast schließlich in Flammen aufging, könnten die Grundlage für die Geschichte von der Tötung des Minotaurus bilden.

Zwei Dinge bezeugen, daß Minos das Meer beherrschte: die Tatsache, daß weder dieser noch andere Paläste auf Kreta befestigt waren – im Gegensatz zu den Städten auf dem Festland –, und die Vielzahl der Funde, die aus den Ländern um das Mittelmeer stammten, darunter auch aus Ägypten. Diese gehören der Zeit des Alten Reiches an, also der Zeit, in der die Pyramiden erbaut wurden. Die Archäologen konnten nach Bildern der minoischen Kunst Angehörige dieses Volkes auf Wandgemälden in Ägypten identifizieren, die den Pharaonen Geschenke brachten.

Leider bestehen die minoischen Schriftfunde überwiegend aus Aufstellung der in den Lagerhäusern gestapelten Waren und enthalten keine Beschreibungen der Aktivitäten von Göttern, die aus dem Weltraum kamen. Aber logischerweise können wir aus den archäologischen Funden den Schluß ziehen, daß die minoischen Kreter genau zur richtigen Zeit und am richtigen Platz lebten, um v. Dänikens Weltraumbesuchern zu begegnen. So sind etwa solche Fragen berechtigt: War Europa eine der von ihnen erwählten Frauen? Waren die außerirdischen Wesen Stiere und Adler? War Pasiphaë ein Versuchskaninchen für die genetischen Experimente der Göttersöhne?

Und welche technische Hilfe erhielten die Minoer? Minos hinterließ keine Pyramiden, und wenn Dädalus einen Berater für den Entwurf des Labyrinthes hatte, dann war dieser offenbar nur ein Lehrling. Es gibt allerdings einen Bereich, das muß um der Gerechtigkeit willen gesagt werden, in dem die minoische Technologie ihrer Zeit unglaublich weit voraus war. Es wurde in den folgenden drei Jahrtausenden nichts Vergleichbares geschaffen. Diese Leistung war die sanitäre Installation des Palastes. Zugegeben, es ist nur ein Beispiel aus dem häuslichen Bereich, aber möglich nur als Endprodukt einer hochentwickelten hydraulischen Technik: Die Könige von Kreta besaßen Badezimmer mit fließendem Wasser und WCs.

Im Endergebnis dürfte dies ein weit besseres Geschenk für uns geringe Erdenbewohner gewesen sein als die technische Errungenschaft, Pyramiden zu bauen. Was kann schließlich eine Pyramide zur menschlichen Wohlfahrt beitragen, das der Verbesserung der sanitären Einrichtungen und damit der Förderung der allgemeinen Gesundheit durch eine Toilette mit Wasserspülung gleichwertig wäre?

Aber wenn v. Däniken recht hat, haben die Pyramiden überhaupt nichts mit der allgemeinen Wohlfahrt zu tun. Sie waren eher als atombombensichere Schutzräume gedacht, die die Mumien ausgewählter Erdbewohner schützen sollten, bis die Besucher zurückkehrten, um sie wieder zum Leben zu erwecken. Und außerdem würden ihre Größe und ihre charakteristische Form es den Außerirdischen erleichtern, ihre Einflugschneise in den Luftraum der Erde zu finden.

Einen Beweis für den Wahrheitsgehalt des Auferstehungsglaubens der Ägypter meinten Biologen der Universität von Oklahoma zu liefern, als sie 1963 der staunenden Öffentlichkeit mitteilten, die Hautzellen der Mumie von Prinzessin Mene seien noch lebensfähig. Obwohl die Biologen sich zweifellos nur auf diese Zellen und nicht auf den Körper insgesamt bezogen, in dem die Zellen miteinander korrespondierende Funktionen ausüben – buchstäblich genommen ist das sicher wahr, vorausgesetzt, man könnte ein Mittel finden, die Dehydration, die ja der Grundprozeß der Mumifizierung ist, zu reversieren. Im Interesse einer unvoreingenommenen Meinungsbildung wollen wir einmal akzeptieren, daß das für unsere extraterrestrischen Wissenschaftler nur eine Knopfdruck-Operation ist.

Wenn wir dann noch v. Dänikens Behauptung akzeptieren, daß die Funktion der Mumifizierung darin bestand, den Körper für die Auferstehung zu präparieren, dann kommen wir vielleicht zu dem endgültigen Nachweis, daß unsere Spezies Kontakt mit echten außerirdischen Wesen gehabt hat. Der Beweis wird überwältigend, daß wir es mit Wesen zu tun haben, deren Geist in einer völlig anderen Art funktioniert, denn diese uns hoch überlegenen Wesen scheinen es darauf anzulegen, die Dinge zu komplizieren.

Sicherlich wäre der Wiedererweckungsprozeß einfacher, wenn sie sich mit intakten Leichen beschäftigten, statt mit den üblichen Produkten ägyptischer Balsamierer. Von Däniken sagt, er beziehe sich nicht auf die »späteren Unsitten der Mumifizierung«. Er läßt uns aber leider im unklaren darüber, was er damit meint. Vielleicht die Unsitte, die Gehirne der Verstorbenen durch die Nasenlöcher zu entfernen?

Aber das schafft die Tatsache nicht aus der Welt, daß zur Zeit der Pyramidenbauer die Prozeduren bei der Mumifizierung bereits eine extensive Verstümmelung des Körpers einschlossen. Die Teile, die besonders schnell verwesten – Herz, Leber Lunge und Eingeweide –, wurden restlos entfernt. Zwar wurde das Herz später in die Brusthöhle zurückgelegt – die Ägypter glaubten, daß es der Sitz der Intelligenz sei –, die anderen Organe aber wurden in Steinkrügen aufbewahrt. Eine solche Aufgabe hätte einen Dr. Frankenstein mutlos machen können.

Als ein anderes Beispiel für seine Theorie führt v. Däniken die »Tiefkühlung... in mit Holz ausgeschlagenen Gräbern« an, die russische Archäologen an der Grenze zur Mongolei gefunden haben. Die Gräber sollen mit Eis gefüllt gewesen sein, um die Leichen zu konservieren, bis das Wiederbelebungsteam eintraf. Dieses Beispiel gibt uns allerdings verschiedene Rätsel auf:

Zum einen ist diese wohlbekannte Grabstätte als sarmatisch identifiziert worden und gehört dem Bereich der Geschichte und nicht der Vorgeschichte an. Der unermüdliche Globetrotter Herodot besuchte auch die Sarmaten (einen Nomadenstamm in der russischen Steppe), und er hätte sich einen solchen Leckerbissen wie die Geschichte von Götterbesuchen aus dem All wohl ebensowenig entgehen lassen wie etwa der Reporter eines heutigen Sensationsblattes.

Daß diese Steppennomaden unterirdische Tiefkühlkammern bauten, ist wirklich etwas Einzigartiges. Zweifellos beweist es die Bedeutung des Toten. So leicht nimmt man nicht die Arbeit auf sich, ein Grab in Dauerfrostboden zu graben, wo das Grundwasser ständig gefroren ist.

Aber v. Dänikens Hauptbeweis beruht auf der Ausstattung der Pharaonengräber. Warum wurden ihnen Dinge mit ins Grab gegeben, die normalerweise Gebrauchsgegenstände der Lebenden waren (er führt darunter auch Geldmünzen auf, eine Erfindung, die man im allgemeinen den kleinasiatischen Lydern zu Beginn des 7. Jahrhunderts v. Chr. zuschreibt, etwa dreizehn Jahrhunderte nach dem Bau der Pyramiden), wenn man nicht erwartete, daß sie einen Hinweis auf einen Glauben an die leibliche Auferstehung gibt, muß ihnen diese Idee dann nicht von Außenstehenden (»Göttern = Raumfahrern«) gegeben worden sein?

Das ist gewiß ein Rätsel, denn die Ägyptologen waren lange von dem Wahn besessen, daß es einen solchen Glauben an die Wiedererweckung gab. Es wurden sogar dicke Wälzer veröffentlicht, in denen offensichtlich irregeführte Wissenschaftler den »Kult des Todesgottes« bis ins kleinste beschrieben. Es mag vielleicht lehrreich sein, einen Blick auf die irrigen Gründe zu werfen, die ihrer Meinung nach den Bau der Pyramiden veranlaßt haben.

Die ägyptische Religion reflektiert die geschichtliche Entwicklung der Kultur des Nilraums insofern, als sie eine Verschmelzung einer Reihe lokaler Kulte ist. Das Ergebnis ist eine Vielzahl innerer Widersprüche, die für den modernen Menschen schlecht begreifbar sind. Sie machten jedoch dem Ägypter wahrscheinlich wenig Schwierigkeiten.

Zunächst einmal hat die Einigung der Stämme längs des Stromtals nicht die Orientierung auf die eigenen Traditionen beseitigt. Ägypten entwickelte in dem Prozeß der nationalen Einigung eine Art nationales Pantheon, aber der einzelne behielt die

Freiheit, selbst zu wählen, welche Gottheiten er verehren wollte.

Zweitens lag der Schwerpunkt der Religion eher im Ritual als in der sittlichen Wertung. Ob die Seele des Toten in das Reich des Himmels oder der Hölle – das bei ihnen ein Zustand des Nichtseins bedeutete – eintrat, hing nicht davon ab, ein wie tugendhaftes Leben er geführt hatte, sondern ob er den Regeln für die Beziehungen zu den Göttern gefolgt war, die über den Zugang zum Leben nach dem Tode bestimmten. So offensichtlich widersprüchliche Mythen schafften kein Dilemma, das gelöst werden mußte. Die Ägypter waren Pragmatiker. Was immer ihnen die Zukunft sicherte, die sie ersehnten, akzeptierten sie. Logik spielte dabei keine Rolle.

Um zu verstehen, was den Bau der Pyramiden motivierte, ist es notwendig, die Natur des Herrschaftsmandats der Pharaonen richtig zu begreifen. Es war nicht so fremdartig, wie es auf den ersten Blick erscheint. Man muß sich nur vor Augen halten, daß erst zweihundert Jahre vergangen sind, seit die amerikanischen Siedler die Lehre vom »Gottesgnadentum« in Frage stellten, die die königliche Gewalt als von Gott selbst stammend begriff. Aber die Basis der Herrschaft Georgs III. lag noch eine Stufe unterhalb der des Pharao. Er war in den Augen seiner Untertanen ein lebendiger Gott. Das gab ihm nicht nur theoretisch unbeschränkte Macht (die natürlich den Einschränkungen politischer Realitäten unterworfen war), es legte ihm auch Pflichten auf.

Es gibt keinen dokumentarisch belegten Beweis, um Herodots Anklage zu widerlegen, Cheops habe das ägyptische Volk gezwungen, die Große Pyramide als eine sinnfällig monumentale Darstellung seines herrscherlichen Egoismus zu erbauen. Aber wäre die Erklärung nicht einleuchtender, daß er sie zur freiwilligen Mitarbeit gewann, weil der Bau ihrem eigenen Interesse entsprach? Es wäre doch naiv, anzunehmen, daß ein Mann, der über die erforderliche organisatorische Qualifikation zur Durchführung eines solchen Projekts verfügte, nicht alle psychologischen Vorteile seiner einzigartigen Positon eingesetzt hätte.

Cheops hätte den Bau der Pyramide als eine wesentliche Voraussetzung für das Wohlergehen Ägyptens darstellen können. Der Grund dafür liegt in der Göttlichkeit des Pharao. Im Leben war er Horus, im Tod Osiris. Wenn man sieht, wie viele Probleme das löst, gibt es durchaus einen Sinn.

Beginnen wir damit, den alten Ägyptern die gleiche Chance einzuräumen, die v. Däniken und seine Mitstreiter für sich in Anspruch nehmen: »eine bereitwillige Suspendierung des Unglaubens«, wie Coleridge es ausgedrückt hat. Und akzeptieren wir die Voraussetzung, daß ein menschliches Wesen zugleich lebendiger Gott sein kann. Christen haben über dieses Problem genug gestritten, um es nicht als zu fremdartige Vorstellung erscheinen zu lassen. Wenn man diese Hürde einmal genommen hat, bekommt alles seinen richtigen Platz.

Osiris war der Sohn des Erdgottes Geb und der Himmelgöttin Nut, die Geschwister waren. Dieses Vorbild der inzestuösen Ehe wurde in den königlichen Familien Ägyptens lange Zeit nachgeahmt. Osiris heiratete seine eigene Schwester, die schöne Isis, die ihm einen Sohn, Horus, gebar. Er wurde König von Ägypten und führte sein Volk aus der Barbarei zur Kultur. All das erregte die Eifersucht seines bösen Bruders Seth.

Durch Verrat gelang es Seth, Osiris zu töten. Er zerstückelte seinen Leichnam, um seine Auferstehung zu verhindern, und begrub die Körperteile an versteckten Plätzen über ganz Ägypten verstreut. Er machte jedoch eine bemerkenswerte Ausnahme: den Penis des Osiris warf er in den Nil. Dann bemächtigte sich Seth des Throns – und der Königin.

Aber die treue Isis machte sich auf die Suche und fand alle Verstecke heraus. Mit Hilfe des Gottes Anubis erweckte sie Osiris wieder zum Leben. Allerdings war das Ergebnis etwas peinlich, denn der eine lebensnotwendige Körperteil blieb weiterhin vermißt. Die Rolle des Pharao leitete sich zum Teil aus den alten Fruchtbarkeitskulten ab, in denen er der Gefährte der Mutter-Gottheit war. Seine Zeugungsfähigkeit stand in direkter Beziehung zur Fruchtbarkeit der Felder und der Herden. (Übrigens ist dieses Konzept auch bei uns lebendig geblieben. Wie wäre sonst der Ursprung des Titels »Landesvater« zu erklären?)

Osiris war bei seiner Kondition offensichtlich ungeeignet, über das Reich des Lebens zu herrschen, aber es wäre logisch absurd, Götter sterben zu lassen. Glücklicherweise ließ die ägyptische Auffassung von Leben und Tod eine Option offen. Der Tod war nicht ein veränderter Status, sondern ein anderes Land, der Westen. Und im Westen gab es leibhaftige Wesen genau wie im Osten, mit genau den gleichen Bedürfnissen. Alle körperlichen Freuden konnte man dort genießen – Jagen, Trinkgelage, Sex –, was immer man begehrte.

Die beiden Welten waren einander so ähnlich, daß Osiris hier eine neue Aufgabe übernehmen konnte. Er wurde Gott-König im Reich der Toten. Diese Eigenschaft entband ihn jedoch nicht von seinen Verpflichtungen gegenüber seinen früheren Untertanen. Er behielt eine gewisse Verantwortung für das Wohlergehen Ägyptens auch in seinem neuen Reich.

Inzwischen hatte der junge Horus beschlossen, seinen Vater zu rächen. Er verfolgte Seth, tötete den Mörder und wurde der rechtmäßige Nachfolger Osiris' im Reich des Lebens. Die Geschichte von *Hamlet, Prinz von Dänemark,* läßt uns die Mentalität der alten Ägypter gar nicht so fremd erscheinen. Die psychologischen Ähnlichkeiten sind nicht zu übersehen.

Die Taten der Götter erhielten politisches Gewicht, als der Pharao, der Ägypten einigte, sich zur Inkarnation des Horus erklärte. Der Tod wurde so auch für ihn eine logische Unmöglichkeit. Er wurde lediglich in Osiris verwandelt. Die Thronfolge war so ein ständig sich wiederholender Zyklus.

Im Grunde bestand die Funktion des Königs darin, als Mittler zwischen dem Menschen und den sein Geschick bestimmenden Mächten tätig zu sein, sowohl in diesem Leben als auch danach. Obwohl er ein Gott war, hatte er nach allgemeinem Verständnis keine Kontrolle über die elementaren Kräfte. Es war so, als ob man einen Freund im Management hatte. Er war nicht gerade der Präsident, aber er hatte Einfluß.

Es war nur natürlich, daß man diese Freundschaft pflegte und seine Hochachtung vor dem Schirmherrn ständig bekundete. Und wenn dieser in das andere Reich hinüberging, dann war man ihm eine angemessene Abfindung schuldig, damit er nicht mit leeren Händen als Bettler dort ankam. Bei den Herrschern der Frühzeit nahm diese Abschiedszeremonie bisweilen Formen an, die für uns – und nach einigen Generationen wohl auch für ihre eigenen Nachkommen – erschreckend sind.

Von Däniken erwähnt ein Grab, in dem die Skelette von zweiundsiebzig Dienern, Männern und Frauen, gefunden wurden, die offensichtlich ohne Gewaltanwendung gestorben waren. Warum, so fragte Däniken, sind sie so bereitwillig ihrem König in den Tod gefolgt? Die Antwort ist einfach: Wenn die Diener ihn in das Reich des Westens begleiteten, und nur dann, konnten sie Unsterblichkeit erlangen.

Von Däniken stellt bei seinen Betrachtungen über den Ursprung des Mumifizierungsbrauches fest, daß die Idee bei den tropischen Klimaverhältnissen in Ägypten nicht aus der Beobachtung des Winterschlafs der Tiere entstanden sein kann. Damit hat er durchaus recht, aber gerade dieses Klima beschleunigte den Prozeß der Mumifizierung. Die ersten Königsgräber waren nichts anderes als höhlenartige Gruben im Wüstensand. Im trokkenen Klima Ägyptens wurden die Leichen auf natürliche Weise dehydriert. Zweifellos entstand aus dieser Tatsache die Vorstellung, daß ein Leben nach dem Tode ohne körperliche Substanz unmöglich war.

Als wachsender Wohlstand es den Ägyptern erlaubte, ihre Herrscher in angemessener Form für die große Reise auszustatten, wurde auch der Anreiz zur Grabräuberei größer. Um dem zu begegnen, wurden Grabschächte in den Fels gehauen und auf ihnen Monumente aus ungebrannten Ziegeln oder Steinquadern errichtet, die man Mastabas nannte. Dieser Versuch, ein Problem zu lösen, schuf ein anderes. Von der austrocknenden Luft ausgeschlossen, verwesten die kostbaren Leichen. So mußten künstliche Methoden der Mumifizierung entwickelt werden. Mit der Zeit eskalierten diese Bemühungen, Osiris zu beschützen, in den Bau der Pyramiden und die komplexen Riten des »Kultes des Totengottes« – aber das wird uns in einem späteren Kapitel beschäftigen.

11

Anonyme Genies

Wenn die verschiedenen extravaganten Schulen der Pyramidenforschung in nichts anderem übereinstimmen, so doch in der Überzeugung, daß die Ägypter des dritten vorchristlichen Jahrtausends nicht die Fähigkeit besaßen, die Große Pyramide zu erbauen. Im übrigen gehen ihre Expertisen weit auseinander. Die Atlanteologen und v. Däniken postulieren Hilfe von außen oder legen andere konkurrierende Theorien über ihre Entstehung vor. Die Verfechter der Pyramiden-Energie schreiben die Urheberschaft einer unspezifizierten fortgeschrittenen Zivilisation oder wissenschaftlichen Subkultur zu, deren Wissen später verlorengegangen ist. Wie Hörbiger und Velikorsky ziehen sie ihre Rückschlüsse aus der Wirkung – den angeblich geheimnisvollen Kräften der Großen Pyramide – und versuchen eine Begründung zu geben, die dazu paßt.

In beiden Fällen geht man von der Grundannahme aus, daß der Mensch zur Zeit der Pyramiden sich gerade erst zum Zweibeiner entwickelt hatte und aus den Höhlen gekrochen war, also sicherlich so gut wie nichts besaß, was ihn zur Bewältigung einer Aufgabe dieser Größenordnung befähigte. Aber zeigen die Funde der Archäologen nicht ein ganz anderes Bild? Prüfen wir sie also, zunächst im Hinblick auf die allgemeine Situation – denn es gibt zahlreiche Beweise, daß Ägypten zu dieser Zeit keineswegs von Entwicklungen in anderen Ländern isoliert war –, und dann auf die Zivilisation am Nil selbst.

Eine mögliche Erklärung für die offensichtliche Konfusion, die bis heute herrscht, kann man finden, wenn man sich ein Lehrbuch über die Geschichte der Menschheit anschaut. Je näher wir unserer eigenen Zeit kommen, um so mehr erfahren wir über die geschichtlichen Ereignisse. Sie nimmt den breitesten Raum in der Geschichte der Menschheit ein. Im Inhaltsverzeichnis werden wir die ersten etwa 590000 Jahre in ein Kapitel gepreßt finden. Wie viele Bände würde man benötigen, um ihnen eine adäquate Behandlung im Verhältnis etwa zu den zweihundert Jahren der amerikanischen Geschichte zu gewähren? Die Zeit, die der Erbauung der Pyramiden vorausgeht, ist mit enttäuschender Kürze dargestellt.

In der Gegenargumentation kann man zu Recht anführen, daß die Entwicklung der menschlichen Kultur, graphisch dargestellt, in einer Exponentialkurve verläuft, die einer ständigen Potenzierung entspricht. Die Zeit zwischen bedeutenden Ereignissen wird immer kürzer. Aber die Periode, mit der wir uns hier beschäftigen, liegt am Beginn dieser Reihe – und genau das begründet die Faszination, die sie auf v. Däniken ausübt.

Auf der Grundlage des uns zur Verfügung stehenden beschränkten Informationsmaterials über den Verlauf der prähistorischen Zeit wollen wir also einmal prüfen, ob die Pyramiden in einen Kontext menschlicher Zivilisation eingeordnet werden können, der keiner mysteriösen Deutung bedarf. Wenn uns das nicht gelingt, kann man es als eine Art Negativbeweis für diejenigen ansehen, die nach spekulativen Erklärungen suchen.

Die folgenden Erläuterungen werden so etwas wie ein Abriß der Positon des Establishements sein. Im Interesse eines fairen Vorgehens werden wir daher v. Däniken Gelegenheit geben, seine Kritik an dem, was er an dieser Rekonstruktion unannehmbar findet, darzulegen.

Die Schlüsselperiode, in der der Mensch die Grundlagen der modernen Zivilisation schuf, ist nach Meinung konventioneller Prähistoriker die Epoche, die wir als Neolithische Revolution beschrieben haben. Die wesentliche Entwicklung, die sie charakterisiert, ist der Übergang von einer Jäger-Sammler-Kultur zu Ackerbau und Viehzucht. Dieser Phase der prähistorischen Zeit können keine präzisen Daten zugeordnet werden, nicht so sehr wegen des Fehlens beweiskräftiger Funde als deshalb, weil sie in den verschiedensten Variationen zu beobachten und geographisch nicht synchronisiert ist. Allgemein nimmt man an, daß der Nahe Osten ihr Ausgangspunkt ist, der sogenannte Fruchtbare Halbmond, der sich vom Niltal nach Mesopotamien erstreckt. Nach grober Schätzung kann der Beginn dieser Entwicklung um etwa 6000 v. Chr. angesetzt werden, mehr als drei Jahrtausende vor der Erbauung der Pyramiden.

Traditionsgemäß wird das Ende der Neolithischen Revolution mit der Einführung des Metalls gleichgesetzt (gehämmerte, nur selten auch geschmolzene Kupferwerkzeuge erscheinen in Ägypten in der zweiten Hälfte des fünften Jahrhunderts), die die sogenannte Bronzezeit eröffnet. Einige Wissenschaftler halten dies jedoch für einen künstlichen Einschnitt und sind der Meinung, daß wir in Wirklichkeit erst jetzt in die nächste Phase, das sogenannte Industriezeitalter, eingetreten sind. Ihre Begründung: Bis vor kurzer Zeit habe der Mensch das Metall nicht anders behandelt als seine Vorfahren im Neolithikum den Stein. Alles, was das Metall ihm gegeben hat, war ein wirksamerer Werkstoff, um die gleichen Geräte herzustellen, die in der gleichen alten Weise verwendet wurden.

Jedenfalls ist es irreführend, wenn man der Neolithischen Revolution allen Fortschritt zuschreibt, denn so entsteht der Eindruck, daß in der enormen Zeitspanne, die der Mensch bereits die Erde bewohnte, nichts von Bedeutung geschehen ist. Und dabei ist sie nach von Dänikens Meinung die entscheidende Periode der Menschheitsgeschichte, denn seine Besucher aus dem Weltraum kommen zwischen 40000 und 10000 v. Chr. zur Erde.

Die Absonderung des denkenden Menschen aus der Familie der Hominiden – es ist nie ernsthaft behauptet worden, wir stammten vom Affen ab, nur hatten wir gemeinsame Vorfahren – war eher ein Vorgang sich verändernder Denkprozesse als eine physiologische Umformung. Das deutlichste Zeichen einer Veränderung von Denkprozessen ist die Tatsache, daß der Mensch Werkzeuge zu erfinden begann. Zu diesem Zeitpunkt wird deutlich, daß der Mensch, ungeachtet seines physiologischen Erscheinungsbildes, intellektuell aktiv war, denn er dachte über das unmittelbare Problem hinaus, er sah zukünftige Bedürfnisse voraus und bereitete sich in einer Weise auf sie vor, die eher von einer Analyse als vom Instinkt bestimmt war. Hier begann die Kultur und die Weitergabe von Kultur, die das Mittel der Sprache benötigte.

Um zu veranschaulichen, wohin das den Menschen führte: Er begann seine Lehrzeit als Steinbearbeiter, in der er die Natur der Rohstoffe kennenlernte, aus denen später die Pyramiden gebaut wurden. Wenn wir von Dänikens Theorie als richtig akzeptieren, dann gibt das dem Menschen immer noch 550000 Jahre Zeit, in denen er sein Selbststudium weiterführen konnte. Wenn sein Fortschritt auch sehr langwierig war, er verdient doch unsere Sympathie, denn alles, was er erlernte, war das Resultat eigener Entdeckungen.

Vor etwa 50000 Jahren – achtzig Jahrhunderte bevor unsere Vorfahren laut von Däniken einen genetischen Schub durch künstliche Befruchtung erhielten – war die lange Experimentierperiode der Hominiden beendet. Ob durch Rassenausrottung oder auf andere Weise, die letzte der menschlichen Alternativen, der Neandertaler, war abgetreten und hatte die Bühne einem neuen Menschentyp überlassen, der, abgesehen von kulturellen Zutaten, von dem modernen Menschen nicht zu unterscheiden ist. Es besteht absolut kein Grund zu der Annahme, daß sie bei gleichen Bildungschancen, also gleichem Informationsstand, uns intellektuell in irgendeiner Weise unterlegen gewesen wären. Sie würden unter gleichen Bedingungen ebenso in der Lage gewesen sein, Raumfahrzeuge zu entwickeln, wie wir.

Die letzte der großen Eiszeiten, die unsere Vorfahren durch die ständige Herausforderung ihrer Anpassungsfähigkeit geformt hatte, ging zu Ende. Als die klimatischen Bedingungen sich verbesserten, begann die menschliche Kultur zu erblühen. Das ist die Zeit, die unter dem Namen Jungpaläolithikum bekannt ist, und sie war eine Zeit bemerkenswerter Fortschritte. Ihr folgt eine ungenau definierte Periode, als Mesolithikum bezeichnet, was nicht mehr als eine nützliche Benennung solcher Kulturen bedeutet, die Merkmale des Übergangs von der Jäger-Sammler-Wirtschaft zur Ackerbau-Viehzucht-Wirtschaft zeigen. Für unseren Zweck können wir auf diese Etikettierung verzichten. Uns geht es lediglich darum, was geschah, und wann es, soweit wir das wissen, geschah.

Obwohl nach unseren heutigen Maßstäben unglaublich langsam, hatte sich das Rad des kulturellen Antriebs bereits in Gang gesetzt. Es fuhr fort, sich zu beschleunigen, wenn auch in ungleichmäßigen Schüben. Die eine Kultur nahm einen kräftigen Anlauf, während eine andere stagnierte. Tausend Jahre später waren die Rollen vertauscht. Aber überall gibt es Anzeichen für eine ganz bedeutende Innovation: den Handel. In den Depots vorgeschichtlicher Siedlungen finden wir Gegenstände, die Hunderte von Kilometern vom Ort ihres natürlichen Vorkommens entfernt sind. Das ist ein Beweis für die Wahrscheinlichkeit kultureller Diffusion. Der Mensch in Europa und im Nahen Osten hatte sich auf die Wanderung begeben, und ein Grenzstock gemeinsamen Wissens bildete sich allmählich heran.

Aber was können diese ungebildeten Wilden sich kulturell anzubieten gehabt haben? Vielleicht nicht so viel wie von Dänikens Raumfahrer, aber sie haben Leistungen vorzuweisen, die darauf hindeuten, daß es auch in dieser entlegenen Zeit geniale Menschen gegeben haben muß.

Als Index für die intellektuelle Kapazität der paläolithischen Menschen bietet sich vor allem ihre Kunst an. Sie gibt uns einen Begriff von der genialen Leistung dieser Künstler, für die es in der Moderne keine Entsprechung gibt. Wie können wir, denen die Früchte dieser Innovation von Geburt an vertraut sind, ihre Bedeutung auch nur ermessen? Zum ersten Mal sind dreidimensionale Gegenstände zweidimensional dargestellt worden. Diese geistige Großtat stellt Einsteins Leistung weit in den Schatten.

Sie ist der Beweis, daß der menschliche Geist sich die Umwelt begreifbar gemacht hat.

Und diese Kunst gibt von Däniken weitere Rätsel auf. Wie konnten unsere primitiven Vorfahren die Höhlen beleuchten, in denen sie ihre Meisterwerke schufen, wenn ihnen nicht außerirdische Intelligenzen behilflich waren?

Es gibt eine weniger exotische, wenn auch nicht weniger dramatische Erklärung: Sie erfanden die Lampe. Der Gebrauch des Feuers durch den Menschen reicht grob gerechnet eine halbe Million Jahre zurück, aber erst zu dieser Zeit beginnt er, es seinem Willen zu unterwerfen. Er mußte nicht mehr warten, bis er einen vom Blitz getroffenen brennenden Baum fand. Er hatte gelernt, Feuer zu erzeugen, indem er Funken aus eisenhaltigen Pyriten schlug. Und seine Geschicklichkeit in der Steinbearbeitung war so weit fortgeschritten, daß er eine Lampe in der Form eines Handtellers anfertigen konnte, um Öl darin aufzubewahren. Mit etwas Moos als Docht konnte er Licht erzeugen, wo er wollte.

»Wessen Phantasie«, so fragt Däniken, »reicht aus, sich einen mit Fellen bekleideten Höhlenbewohner vorzustellen, der Figuren des 20. Jahrhunderts an die Wände zeichnet?... Entweder waren die steinzeitlichen Höhlenbewohner primitiv und wild, dann konnten sie an Höhlenwänden nicht die erstaunlichsten Gemälde produzieren. War der Wilde aber fähig, diese Gemälde anzufertigen, warum soll er dann nicht in der Lage gewesen sein, sich Wohnhütten als Unterschlupf zu bauen?« Hier liegt nur dann ein Widerspruch, wenn man die offensichtliche Tatsache ignoriert, daß der Mensch gerade zu dieser Zeit die ersten Schritte unternahm, seßhaft zu werden. Daß man bis zu dieser Zeit keine dauerhaften Häuser entwickelte, ist kaum ein Beweis für mangelnde Intelligenz. Eher das Gegenteil. Für Nomaden wäre es ein Zeichen von Stupidität gewesen, feste Bauten zu errichten, wo Höhlen zur Verfügung standen.

Aber die Anlagen runder Plätze, auf denen sie ihre Zelte aus Häuten und Fellen aufstellten, sind ein Beweis dafür, daß sie das

Unterkunftsproblem zu lösen wußten, wenn sie während des Sommers in den Ebenen jagten. Andere wieder, die in den flachen, höhlenlosen Steppen Rußlands ihre Beute suchten, lernten Ganzjahresbehausungen errichten, indem sie mit Mammutzähnen und Baumstämmen Gruben zudeckten.

Das Bild eines dieser Höhlenmaler mutet wie eine Botschaft an unseren deutschen »Gelehrten« an, denn er malte ein Pferd mit einem Lasso um den Hals. Wenn von Däniken die Schwierigkeiten aufzählt, mit denen die Pyramidenbauer konfrontiert waren, erwähnt er auch die »Tatsache«, daß es im dritten Jahrtausend v. Chr. keine Seile gab.

Auch wenn die Schlinge, die das Bild zeigt, ein Produkt der Phantasie des Künstlers sein sollte, irgend jemand mußte das Problem um 9000 v. Chr. gelöst haben, als der Mensch von der Küste Griechenlands aus das Meer befahren hatte. Und im vierten Jahrtausend zeigte ein Künstler aus Elam, daß es dort in Gebrauch war. Wenn die ägyptischen Seefahrer dieser Zeit bei ihren Handelsfahrten zum Persischen Golf kamen – und es besteht Grund zu dieser Annahme –, wenn sie das Unmögliche vollbrachten und über diese Entfernung ohne Taue fuhren, dann werden sie diese Erfindung sicher gleich nach ihrer Ankunft übernommen haben.

Übrigens erscheinen in der jungpaläolithischen Kunst die ersten Anzeichen dieser überall anzutreffenden Fruchtbarkeitskulte, vor allem in den Arbeiten der rasche Fortschritte machenden Steinbildhauer, die jetzt auch figürliche Skulpturen schufen. Sowohl in Europa als auch im Nahen Osten hat man »Venus«-Statuetten aus dieser Zeit gefunden.

Es handelt sich dabei um weibliche Figuren, bei denen der Künstler die Herausarbeitung der Gesichtszüge völlig vernachlässigte und sich auf eine übertriebene Darstellung der sexuellen Merkmale konzentrierte, so daß kein Zweifel über den Sinn dieser Botschaft bestehen kann. Bilder schwangerer Frauen und sich paarender Pferde werden ebenfalls als Ausdruck dieser weitverbreiteten religiösen Bewegung interpretiert, die, wie man annimmt, aus magischem Sympathiezauber entstanden ist, der den Menschen bei der Jagd unterstützen sollte.

Am Ende dieser Zeitepoche und beim Beginn der neolithischen Kulturexplosion fanden zwei sehr bedeutsame Entwicklungen statt. Da war zunächst die Erfindung des Bogens. Denken wir dabei nicht an die Verbesserung, die sie für die Nahrungsbeschaffung des Menschen brachte. Wichtiger ist, was diese Neuerung technologisch bedeutet – ein Geschoß, das durch Spannungskraft angetrieben wird, ist ein völlig neues Konzept. Eine Vorrichtung zu entwerfen, die sich bisher unbekannter Prinzipien bediente, erforderte eine theoretische Kenntnis physikalischer Gesetze, die man in diesem Zeitalter kaum vermutet hätte. (Ist das auf das Know-how außerirdischer Intelligenz zurückzuführen? Wenn ja, wenn sie selbst so weit fortgeschritten waren, warum teilten sie dann den Erdbewohnern nicht mehr von ihrem Wissen mit?)

Obwohl die spektakulärsten Erfindungen in südlichen Ländern gemacht wurden, trug auch Europa wesentlich zur Zivilisationsentwicklung bei. Denken wir nur an die Gleitkufe, die ihrerseits den Schlittenbau ermöglichte. Die ägyptischen Ingenieure hatten dafür viel Verwendung. Für die technische Entwicklung war die Produktion von Teer, den man durch Erhitzung der Birkenrinde gewann, eine noch größere Leistung. Beim Bau der Pyramide ist er allerdings kaum benutzt worden. Hier treffen wir zum erstenmal auf die Verwendung einer künstlich hergestellten Substanz, bei der das natürliche Material bewußt verändert wurde.

Die Menschen des Nordens waren so erfolgreich in der Erfindung von Mitteln, sich ihrer rauhen Umwelt am Rande des sich allmählich zurückziehenden Eises anzupassen, daß die von ihnen entwickelten Techniken bis heute praktisch unverändert geblieben sind. Wenn wir wissen wollen, wie unsere Vorfahren im Jung-Paläolithikum gelebt haben, brauchen wir uns nur die Lebensweise der Eskimos anzuschauen. Trotz der Tatsache, daß dieses arktische Volk niemals etwas entwickelt hat, was man als eine wirkliche Maschine bezeichnen könnte, räumen moderne Wissenschaftler ein, daß sie technologisch zu den erfindungsreichsten Völkern aller Zeiten gehören. Als sie schließlich mit den Produkten unserer »verfeinerten« Kultur in Verbindung kamen, ließen sie sich von den Errungenschaften des weißen Gottes nicht übermäßig beeindrucken, sondern erwiesen sich als die geborenen Techniker, weil sie eine unersättliche Wissensbegierde besaßen, die sie die Prinzipien der Maschinenfunktion rasch verstehen lehrte.

Die Eskimos waren vom eurasischen Informationsaustausch isoliert. Als die Wassermassen der schmelzenden Gletscher die Landbrücke der Beringstraße überflutete, über die die Indianer Amerikas ihre neue Heimat erreicht hatten, wurden sie von der Entwicklung in der Alten Welt abgeschnitten. Und doch weist ihre völlig eigenständige Kultur überraschende Parallelen zu ihr auf – den Pyramidenbau zum Beispiel.

Eine brillante archäologische Detektivarbeit hat kürzlich weitere jungpaläolithische Exkursionen ins Reich der Wissenschaft aufgedeckt. Eine Analyse komplizierter Einkerbungen in Geräten und Tierknochen, die man an Lagerplätzen steinzeitlicher Menschen gefunden hat, zeigte, daß es sich hier um Berechnungen der Mondphasen handelt. Die Art der Aufzeichnung, die Berechnungsmethoden und ihr Ziel lassen darauf schließen, daß es sich hier um die Anfänge der Kunst des Schreibens, der Mathematik und der Astronomie handelt, siebentausend Jahre bevor die Pyramiden gebaut wurden. Ein uns unbekanntes Genie hatte ohne Anleitung von außen neue Wege wissenschaftlicher Forschung beschritten.

Mittlerweile zähmten unsere angeblich geistig beschränkten Vorfahren den Hund und gewannen ein solches Geschick in der Bearbeitung des Steins, daß sie ihre Geräte auch aus ästhetischen Gründen verfeinerten, so zum Beispiel durch Glätten des Feuersteins. Das ist an sich nicht gerade eine besondere Leistung, und die Verbesserung der Nutzleistung steht in keinem Verhältnis zum notwendigen Aufwand. Aber auch hier besteht durchaus die Möglichkeit, daß eine künftige Entwicklung vorausgeahnt wurde: Die Endprodukte sollten sich als sehr geeignet für die Anfertigung von Gußformen erweisen, als der Mensch die Kunst des Metallgießens beherrschte.

Als Zeugnisse für die Leistungsfähigkeit der menschlichen Phantasie haben diese Erfindungen, jede für sich, dramatischen Charakter, aber in ihrem Zusammenhang gesehen erscheinen sie als logisch, schrittweise Entwicklungsstufen der Zivilisation. Es besteht nicht der geringste Grund für die Vermutung einer Intervention von außen durch andersartige Lebewesen... wenn man das nicht unbedingt glauben möchte.

Jetzt war die Zeit reif für die Neolithische Revolution. Eine Vielzahl charakteristischer Eigenschaften unterscheidet die neue Wirtschaft von ihren Vorgängern. Während ihre bestimmende Bedeutung für den weiteren Verlauf der Menschheitsgeschichte nicht überall gleich zu bewerten ist, zeigt eine Homogenität des Erscheinungsbildes, daß diesen Ereignissen ein wesentlicher inhaltlicher Fortschritt zugrunde lag: eine wachsende Fähigkeit, abstrakt zu denken. Beobachtungen von Naturerscheinungen führten zu erfinderischen Konzeptionen neuer Techniken. Wir wollen einmal mit Hilfe unserer eigenen Vorstellungskraft die schrittweise technologische Weiterentwicklung vom Jungpaläolithikum bis zur Bronzezeit rekonstruieren.

Bis jetzt haben wir das Wort »Mensch« ohne Berücksichtigung des Geschlechts gebraucht, uns dabei aber vor allem auf den Mann bezogen, weil die erhaltenen Funde – Steinwerkzeuge oder Waffen – spezifisch für das männliche Geschlecht sind. Aber in allen steinzeitlichen Kulturen hat die Frau eine mindestens ebenso wichtige Rolle gespielt wie der Mann.

Als Sammlerin hatte sie im allgemeinen den größeren Anteil an der Nahrungsmittelversorgung der Horde. Als Mutter, Köchin und Sexobjekt (Feministen werden die Stirn runzeln) war sie der Mittelpunkt der sich um den Herd versammelnden Gemeinschaft. Die Darstellungen der weiblichen Gottheiten trugen jeder dieser Rollen in ihren Attributen Rechnung.

In den archäologischen Funden wird ihre Bedeutung jetzt allmählich deutlicher sichtbar. Obwohl die Geräte meist zu zerbrechlich waren, um bis heute zu überdauern, ergibt die nächste Neuerung nur dann einen Sinn, wenn man davon ausgeht, daß sie bereits das Konzept des Behälters entwickelt hatte und ihn, wahrscheinlich durch Flechten von Gras und Rinde, anzufertigen verstand.

Der Mann, der inzwischen mit der Steinbearbeitung vertraut geworden war, begann jetzt seine Erfahrungen mit der Herstellung der ersten Lampe weiter auszubauen. Mit mühsamem Schneiden, Bohren und Glätten fertigte er wasserdichte Behälter für den Transport, das Kochen und Aufbewahren von Wasser an. Das waren großartige Leistungen, sie erforderten einen enormen Kraft- und Zeitaufwand.

Die Wandbilder und Gravierungen der jungpaläolithischen Künstler zeugen von einer anderen, vermutlich ebenfalls weiblichen Erfindung: der Anfertigung von Kleidung aus Fellen der von den Männern erjagten Tiere. Die menschliche Gruppe – Familie, Sippe oder Stamm – ist jetzt, geschützt gegen die Unbilden der Witterung, in der Lage, in Jagdgründe vorzudringen, die ihr vorher verschlossen waren. Durch Bearbeitung von Geweihenden und Knochen mit Stein – in der gleichen Technik, in der er Angelhaken und Harpunen angefertigt hatte – schnitzt er Nadeln mit Öhren, durch die man Därme, Sehnen oder Haare erlegter Wildpferde ziehen kann.

Als eine Art Nebeneffekt wurde die Institution der Ehe, falls sie sich nicht bereits als Form sozialen Lebens etabliert hatte, unter den Bedingungen dieser Zeit zu einer unvermeidlichen Notwendigkeit. Eine sich in ständigem Daseinskampf behauptende Gesellschaft, in der die Nahrungsmittelknappheit kaum den notwendigen Kalorienbedarf zu decken vermochte, war auf eine leistungsfähige Arbeitsteilung zwischen den Geschlechtern angewiesen. Um überleben zu können, brauchte der Mensch, von sexueller Attraktion einmal abgesehen, einen Partner des anderen Geschlechts, der durch eine feste rituelle Verpflichtung an ihn gebunden war.

Die verhältnismäßig geringe Bedeutung der Sexualität in einer solchen Partnerschaft wird durch die Sitte der Eskimos, ihre Frauen auszuleihen, demonstriert. Gegenseitigkeit ist dabei automatisch impliziert. Für beide, Ehemann wie Ehefrau, bringt dieses Arrangement Vorteile. Wenn der Mann oft wochenlang von daheim entfernt ist, um zu jagen, stehen ihm auf seinen Streifzügen die Künste von Frauen anderer Horden zur Verfügung. Und auch seine Frau hat die Garantie temporärer männlicher Substitute.

Unter diesen Umständen mußte Eifersucht produktionshemmend und tatsächlich gefährlich sein. Aber es ist keineswegs unlogisch, daß es gewisse Tabus gegen die Promiskuität gibt. Die Ehe ist eine geschäftliche Partnerbeziehung. Die Entscheidung, eine solche Beziehung einzugehen, kann nicht von einer Seite gefällt werden. Kein Mann ist frei, seine Frau ohne ihre Zustimmung wegzugeben, und keine Frau darf sich selbst ohne seine Zustimmung einem anderen geben.

Schon bald erforscht der Mensch auf Grund seiner Erfahrung mit Hunden die Möglichkeiten, andere Tiere zu zähmen. Die Wolle wird verfügbar, daneben auch eine sichere Nahrungsmittelversorgung. Die klimatischen Veränderungen durch den weiteren Rückzug der Eisberge führen zu natürlichem Wachstum wilder Gräser im Nahen Osten – Weizen und Gerste –, die sich zur Kultivierung anbieten, und die Frau beginnt die Nahrungsmittel zu produzieren. Sie entdeckt die Möglichkeit, das Getreide zu mahlen und in der Herdasche Brot zu backen.

Das Nomadendasein wird bei dieser neuen Art Lebensmittelbeschaffung unpraktisch. Aus den transportierbaren Hütten entwickelten sich feste Häuser. Das plötzliche Steigen des Wohlstands erlaubt eine Vergrößerung der gesellschaftlichen Einheiten. Die ersten Dörfer entstehen. Ein anderes unbekanntes Genie erkennt die Möglichkeiten, die in der formbaren Tonerde stekken. Der Ziegel wird zum Baumaterial. Die Arbeit mit diesen Baustoffen, die die Vorteile einer festen Wohnstätte sichern, führt automatisch zur Erfindung des Ofens. Die Frau beobachtet die Einwirkung der Hitze auf den Ziegel. Die Erfindung der Töpferei ist die konsequente Folge. Sie ermöglicht die Herstellung leichterer und (am Arbeitsaufwand gemessen) billigerer Behälter. Mit der Zeit wird dieser armselige Ofen den Menschen in den Stand versetzen, Metall zu schmelzen.

Diese theoretische Abfolge von Ereignissen und Entwicklungen verdeutlicht das Problem, die Neolithische Revolution zeitlich genau abzugrenzen. Jericho im Jordantal, die erste uns bekannte von Mauern umschlossene Stadt, ist ein praktisches Beispiel für das vergebliche Bemühen, hier feste Datierungen zu setzen.

Die nie versiegenden Quellen dieser Gegend machten sie zu einem ausgezeichneten Siedlungsgebiet für Ackerbauer. Um 6000 v. Chr. gab es dort bereits eine Gemeinde, die acht Morgen Land mit ihren Ziegelbauten bedeckte. Die architektonischen und technischen Fähigkeiten dieser Menschen waren (mehr als dreitausend Jahre vor Beginn des Pyramidenbaus) so weit entwickelt, daß sie in der Lage waren, einen massiven Steinturm mit einer Höhe von mindestens siebeneinhalb Metern und einem Durchmesser von neun Metern zu errichten.

Aber sie beherrschten die Kunst der Töpferei noch nicht. Nach strenger Definition können sie daher noch nicht als Neolithiker qualifiziert werden. Theoretisch waren sie nicht einmal fähig, ein Dorf zu bauen. Offenbar muß man in der Archäologie aufgeschlossen sein für die Widersprüchlichkeit des Menschen.

Das Fehlen der Töpfereikunst in Jericho beunruhigt übrigens auch v. Däniken. Er konnte es nicht in Einklang bringen mit dem

Fund einer Reihe von menschlichen Schädeln, denen die Gesichtszüge mit Gips aufmodelliert worden waren (eine nicht unübliche Form der Ahnenverehrung bei primitiven Gesellschaften). Offenbar ist er sich nicht klar darüber, daß Töpferware durch Brennen von Tonerde gemacht wird. Gips, in Wirklichkeit ein Bindemittel, würde schwerlich für die Behandlung von Knochenbrüchen geeignet sein, wenn er durch Backen in einem Ofen gehärtet werden müßte.

12

Der Totenkult

Die Form, in der sich die Neolithische Revolution in Ägypten vollzog, wo die dauerhafteste Kultur der Menschheit entstand, war von Anfang an durch die Eigenart der Nillandschaft bestimmt. Aber es ist unwahrscheinlich, daß der große Strom eine besondere Bedeutung für die Menschen hatte, die in der Altsteinzeit an seinen Ufern mit ihren Feuersteinen hantierten. In der Zeit der zweiten, der sogenannten Mindel-Eiszeit, floß der Strom durch ein Land, das reichlich mit Regen versorgt war.

In den Ebenen, die später zur Libyschen Sahara wurden, jagte der paläolithische Mann große Herden von Tieren, deren letzte Spuren man heute noch im südlichen Afrika in Nationalparks wie Serengeti sehen kann. In Höhlen entlang der Wadis, dieser trockenen Flußbetten, die früher die vielen Zuflüsse des Nils führten, kann man ihre Feuerstein-Werkzeuge und -Waffen vermengt mit Knochen von Gazellen, Bisos, Flußpferden, wilden Eseln, Straußen und anderem Wild finden.

Als die letzten Gletscher sich langsam nach Nordeuropa zurückzogen, begann das Klima in Nordafrika sich zu ändern. Über Tausende von Jahren hin wurde der Regen immer spärlicher. Die Tierherden und die Nomaden, die Jagd auf sie machten, wurden immer näher an den Fluß gedrängt. Wie sich weiter im Osten zeigen sollte, wirkte der zunehmende Mangel auch als Ansporn. Die ersten Hinweise auf das, was kommen würde, finden sich im Süden. Felszeichnungen von Elefanten und Giraffen auf den Hügeln über dem Nil sind stumme Zeugnisse für die wachsende Verzweiflung der Jäger, magische Beschwörungen, die die verschwundenen Herden zurückbringen sollten. Diese frühen Kunstversuche, ein Aspekt der Kultur, den Materialisten gern als eine Art Luxus abtun, sollte den Menschen des Niltals zu einem späteren Zeitpunkt einen wesentlichen Vorsprung gegenüber ihren Nachbarn im Nildelta verschaffen.

Es ist nicht mit absoluter Sicherheit festzustellen, wem die Urheberschaft zukommt, aber es besteht eine große Wahrscheinlichkeit, daß diese Pionierarbeit visueller Darstellung mit einer anderen Erfindung in engem Zusammenhang steht. Um 7000 v. Chr. stellte in der Nähe von Khartum, der jetzigen Hauptstadt des Sudan, ein schwarzer Hamitenstamm, der mit den Somalis und den äthiopischen Gallas verwandt ist, die frühesten uns bekannten Töpfereierzeugnisse her. Die ersten Formen dieser gut gebrannten Geräte, dekoriert mit Eindrücken von Katzenfisch-Gräten, wurden nur dort gefunden. Ein späterer Stil jedoch hat sich in ganz Nordafrika durchgesetzt; man findet Kopien sogar im Ahaggar-Gebirge des südlichen Algerien. Diese Jäger-Fischer-Stämme sollten der ägyptischen Zivilisation ihren unverwechselbaren Stempel aufdrücken. Hamitische Einflüsse kamen in ihrer Sprache und auch in ihrer Denkweise zum Ausdruck.

Um 5000 v. Chr. wichen die neolithischen Stämme vor der sich ausbreitenden Wüste in die Wadis zurück, wo sie ihre Lang- und Kurzhorn-Rinder weiden und Weizen anbauen konnten. Wann oder wo sie diese neuen Fähigkeiten erworben hatten, ist nicht bekannt, aber zu dieser Zeit waren sie nur Ergänzungen der traditionellen Jäger-Sammler-Wirtschaft. Die zunehmende Dürre trieb die Menschen aus allen Richtungen an den Fluß. Aus dem Süden zogen sie talaufwärts. Die westlichen Stämme suchten ihre Zuflucht in der Oase Fayum, in der es damals einen großen See gab. Und das Delta zog Siedler aus Ost und West an.

Als die Zuflüsse austrockneten, wurde das Flußbett immer enger und grub sich tiefer in das Tal ein. Es hinterließ eine Reihe von Terrassen, die sich von den Hügeln beiderseits des Tals herabziehen. An ihnen kann man die Geschichte der Besiedlung Ägyptens ablesen. Die vier oberen Terrassen geben kaum Hinweise auf menschliche Bewohner; auf den unteren vier Ebenen findet man viele Feuersteine. Die Menschen hatten hier Besitz von einem Land ergriffen, das sie auch heute noch bewohnen.

Wer waren die ersten Familien am Nil? Anthropologen haben ihr Erscheinungsbild rekonstruiert: Sie waren kleine, dunkelhäutige Menschen mit schmalen Schädeln. Sie hatten die Töpfereikunst erlernt und behauten nach echter neolithischer Sitte die Schneiden der Pflugscharen, statt sie zu schleifen. Ihren Toten gaben sie Töpfe mit Speisen ins Grab, was beweist, daß sie an ein Leben nach dem Tode glaubten, in dem die Bedingungen dem diesseitigen sehr ähnlich waren, und sie stellten auch bereits die klassische ägyptische Vorliebe für die Selbstbewunderung zur Schau, da sie sich mit blau-grünen Perlen aus Amazonit schmückten. Auf ihre ursprünglich afrikanische Sprache hatten sie Elemente semitischer Herkunft aufgepfropft.

Das Tal und das Delta, das sie besiedelten, hatten nur wenig Ähnlichkeit mit dem, was die Touristen heute sehen. Der Nil hatte damals sieben statt der heutigen zwei Mündungen. Der Strom wählte sich seinen Lauf ohne Regulierung selbst. Wenn das Flußbett versandete, suchte er sich neue Wege, und aus dem alten Bett wurden fruchtbare, papyrusgefüllte Sümpfe, in denen es von Fischen und Wild wimmelte – Wasservögeln, Flußpferden, Krokodilen. Das dauerte bis in geschichtliche Zeiten an. Auf Grabgemälden sieht man Darstellungen der Ägypter bei der Jagd und beim Fischfang in kleinen Booten aus gebündeltem Papyrusrohr.

Am anderen Ende beginnt die Hauptquelle des Flusses, der Weiße Nil, mehr als dreitausend Kilometer in der Luftlinie südlich des ersten Kataraktes bei Assuan, der eine natürliche Grenze zwischen Ägypten und Nubien bildet. Der Weiße Nil verdankt seine überragende Bedeutung der Stetigkeit seiner Wasserzufuhr. Ohne jahreszeitliche Schwankungen fließt das Wasser vom Victoriasee herab, gespeist durch die Gebirgsflüsse Zentralafrikas. Dieser Strom macht den Nil zu einem ganzjährigen Verkehrsmittel, aber er bestimmt nicht seinen besonderen Charakter.

Nachdem der Weiße Nil das Labyrinth der großen Sudd-Sümpfe durchquert hat, nimmt er nur noch zwei Zuflüsse auf: den Blauen Nil und den Atbara. Acht Monate im Jahr sind die beiden ohne Bedeutung. Der Blaue Nil ist so seicht, daß er nicht schiffbar ist, und der Atbara ist nicht mehr als eine Reihe von Tümpeln. Aber im Frühjahr, wenn die Monsunregen die Erde des äthiopischen Hochlandes im Osten durchtränkt haben, dann werden beide Flüsse plötzlich zu reißenden Strömen.

Um den 20. Juni jedes Jahres führt der Nil seit Jahrtausenden Hochwasser. In der Antike hat er nur selten nicht die Ufer überschritten und das Tal überflutet. Und doch hatten die Ägypter, wie Ignatius Donnelly richtig bemerkte, keine Sintflutlegende. Warum? Weil die Überschwemmung des Nils eine Wohltat war, denn dann bewässerte er nicht nur die Felder, von denen das Überleben der Bewohner abhing, sondern lagerte auch eine neue, fruchtbare Schlammschicht ab. Im September, wenn das Wasser zurückging, konnte das Getreide ausgesät werden, ohne daß man Dünger brauchte.

Zweifellos bebauten die neolithischen Siedler das Land in derselben Weise, wie die primitiven sudanesischen Hadendoa im Tal des Blauen Nils es noch heute tun. Wenn das Hochwasser zurückgeht, säen die Hirten einfach die Saatkörner aus, in einer nur kurzen Unterbrechung ihres Nomadenlebens. Wenn das Getreide reif zur Ernte ist, dann ziehen sie wieder vorbei, um die Gaben des Flusses einzusammeln.

Aber im Niltal und im Delta entwickelte sich schon sehr früh eine neue Lebensweise. Zwischen 5000 und 4000 v. Chr. begannen die Nomaden in Dörfern seßhaft zu werden. Der Mehrertrag an Nahrungsmitteln, den der Reichtum des Flußtals abwarf, schuf neue Möglichkeiten, und die Siedler scheinen das schnell erkannt und genutzt zu haben. Arbeitskräfte, die zur Nahrungsmittelbeschaffung nicht mehr benötigt wurden, konnten für spezielle Aufgaben eingesetzt werden.

Die neuen Produkte, die nach und nach erschienen – hervorragend gearbeitete Alabaster- und Basaltvasen und wahrscheinlich auch weniger haltbare Gegenstände, die uns unbekannt sind – und auch der Getreideüberschuß selbst machten den Handel möglich. Ein Beweis dafür ist das Koniferenholz, das im Niltal nicht heimisch ist, aber in Grabstätten gefunden wurde. Es wurde wahrscheinlich aus dem Libanon eingeführt, mit dem in späterer Zeit ein lebhafter Handelsaustausch bezeugt ist. Ob das Kupfer, das man zur Herstellung der grünen Augenschminke benötigte und auch zu Werkzeugen bearbeitete, importiert oder in der Nähe gefunden wurde, ist uns nicht bekannt, obwohl wir wissen, daß die Ägypter es schon früh auf der Halbinsel Sinai im Bergbau gewannen. Jedenfalls zeugt es von einem neuen Wohlstand.

Um die Mitte des 4. Jahrtausends v. Chr. hatte sich am Nil eine lange Kette von Miniatur-Stadtstaaten gebildet – eine wohl etwas hochtrabende Beschreibung dieser Landstädte, aber es gibt keine alternative Bezeichnung für diesen poltischen Begriff. Anders als im Nahen Osten, wo echte Städte um den Tempel herum entstanden, war und blieb die Kultur Ägyptens im wesentlichen ländlich geprägt. Im Grunde genommen waren die Gemeinschaften Marktplätze, die die Landwirtschaft der Umgebung versorgten, aber sie waren auch Kulturzentren, und jede von ihnen – den ganzen Nil entlang – entwickelte eine eigene Identität. Wirtschaftlich gesehen war die Situation ähnlich wie im Mississippi-Tal zu Mark Twains Zeit, aber ein gemeinsamer Hintergrund in ihrer Entstehungszeit gab den amerikanischen Flußstädten des 19. Jahrhunderts eine politische und kulturelle Homogenität, die Ägypten sechstausend Jahre früher fehlte.

In der hellenistischen Zeit gab es zweiundzwanzig dieser Nomoi, wie die Griechen sie nannten, im Niltal und zwanzig im Delta. Allerdings hatte sich ihre Struktur gegenüber der frühen Zeit geändert. Jeder Nomos hatte sein eigenes Symbol, meist ein Tier, wie das bei einem von den Naturgewalten in so hohem

Maße abhängigen Volk nur natürlich ist. Diese Tiere wurden nach den Eigenschaften ausgewählt, die der Mensch besonders schätzte. Mit der Zeit verwandelten sich viele von ihnen in die tierköpfigen Gottheiten des ägyptischen Pantheons.

Ein Gegengewicht gegen die Überbetonung lokaler Eigenständigkeit wurde durch den sie verbindenden Strom geschaffen, der in der Mitte des 4. Jahrtausends bereits von großen Ruderschiffen aus libanesischem Zedernholz befahren wurde. Dadurch überschnitten sich die Interessen der einzelnen Stadtstaaten, die sich zum Teil gegenseitig ergänzten, zum Teil aber auch stark konkurrierten, und schon bald entwickelte sich an den Ufern des Nils ein brodelnder Komplex von Feinden und Verbündeten. Eine Einigung war unvermeidbar geworden.

Der Wohlstand brachte andere Probleme mit sich, die diese natürliche Tendenz verstärkten. Das schwierigste Problem war eines, das auch nach fünftausend Jahren nicht von ägyptischen Regierungen gelöst worden ist: die Bevölkerungsexplosion. Eine größere Nahrungsmittelproduktion war erforderlich. Ein Nomadenleben mit gelegentlichen Abstechern in den Ackerbau – wobei man den Nil alle Arbeit tun ließ – reichte nicht mehr aus, um die ständig wachsende Bevölkerung zu ernähren. Man brauchte mehr als eine Ernte im Jahr.

Eine erfolgversprechende Lösung dieses Problems war nur dadurch zu erreichen, daß man Staubecken anlegte, um die Flutwässer zur Bewässerung während der trockenen Monate nutzen zu können. Damit war die Anzahl der jährlichen Ernten nur durch die Zeit begrenzt, die das Getreide brauchte, um zu reifen. Um diese Arbeit zu organisieren und eine gerechte Verteilung des Wassers zu gewährleisten, wurde eine zentrale Entscheidungsgewalt – eine Organisation – notwendig. Ägypten brauchte eine Regierung.

Aber Planung, die Vorbedingung für Organisation, muß sich auf Daten stützen. Eine Vorausberechnung der Flutzeiten mußte in diesem Gemeinwesen offensichtllich große Bedeutung haben.

Es ist eine logische Annahme, daß die Befähigung zu dieser Aufgabe der Priesterschaft einen so hervorragenden Status in der ägyptischen Zivilisation verlieh. Die Priester waren die Astronomen dieser Zeit, sie beobachteten die Himmelserscheinungen, die ihnen Aufschluß über die Natur des Göttlichen geben sollten. Schon früh fand einer von ihnen heraus, daß der spiralenförmige Aufgang des Sterns Sirius, der nur wenige Tage im Jahr am Horizont zu sehen war, unveränderlich dem Hochwasser des Nils vorausging. Das war von so großer Wichtigkeit für den Rhythmus des ägyptischen Lebens, daß das neue Jahr, *wp rnpt*, auf den Tag des Aufgangs des Hundssterns datiert wurde.

Sonderbarerweise findet v. Däniken die große Bedeutung des Sirius in der ägyptischen Kultur »ziemlich komisch«. Er kann nicht verstehen, warum ihr Jahr nicht auf den Zyklen der Sonne oder des Mondes basierte, die, wie er offenbar meint, eine größere Regelmäßigkeit aufweisen als der Aufgang des Sirius. Die Fixierung der Priester auf dieses Ereignis schreibt er einem Geheimwissen zu, das von der Priesterschaft gehütet wurde. Andererseits vermutet er, daß der Sirius-Kalender »ein fiktives Gebilde, eine Wahrscheinlichkeitsrechnung« gewesen sei. Seine Ratlosigkeit ist vielleicht durch die Tatsache zu erklären, daß er die alljährliche Überschwemmung nicht für ein Ereignis von großer Bedeutung für das Niltal hält. Offenbar kann er nicht begreifen, daß das gelegentlich weniger starke Ansteigen der Flut ihr nichts von ihrer entscheidenden geschichtlichen Wirkung nimmt.

Ein weiterer Ansporn zur Einigung Ägyptens war die Entwicklung eines Bewußtseins nationaler Identität, eine natürliche Folge der zunehmenden Kontakte mit der übrigen Welt, die der Außenhandel mit sich brachte. Aus dem Delta erreichten ihre Schiffe die Levante, eine Handelsstraße führte aus dem oberen Niltal von Qift zum Persischen Golf. Kupfer aus dem Sinai wurde geschmolzen und zu Werkzeugen verarbeitet, für die es einen aufnahmefähigen Markt gab.

Es gibt Anzeichen für die Einwanderung einer begrenzten Zahl semitischer Siedler in das Delta, die aus Sumer die Kunst des Schreibens mitgebracht haben könnten. Aber die Tatsache, daß die ersten Schriftfunde im Niltal auftauchen, deutet eher darauf hin, daß die Schreibkunst durch den Handel über Qift nach Ägypten gekommen ist. Da es auch andere Beweise für den Kontakt zwischen Sumer und Ägypten gibt, ist es ziemlich unwahrscheinlich, daß die Kunst des Schreibens eine unabhängige Erfindung der Ägypter ist. Hier haben wir einen echten Fall von Kulturdiffusion, die aber nichts mit den Formen zu tun hat, in denen sie uns früher begegnet ist.

Es wäre falsch, anzunehmen, daß die Ägypter das Schreiben von den Sumerern lernten, denn es besteht keine Verwandtschaft zwischen der Keilschrift in Mesopotamien und den Hieroglyphen des Niltals, außer dem gemeinsamen Konzept, Sprache visuell auszudrücken. Es gibt eine interessante historische Parallele zu dem, was sich wahrscheinlich ereignete. Im achtzehnten Jahrhundert erfand ein Cherokee namens Sequoyah eine Silbenschrift für seine Sprache, für die er Buchstaben des lateinischen Alphabets benutzte. Ohne je das Lesen gelernt zu haben, begriff er durch seine Kontakte zu den Weißen die *Funktion* des Schreibens. Die Idee war das Entscheidende, nicht die Details.

Auch wenn man annimmt, daß die Menschen im Delta schreibkundig waren, hatten die des Niltals doch automatisch einen Vorteil ihnen gegenüber. Die Tatsache, daß Oberägypten, anders als Sumer, eine komplizierte Form der piktographischen Schrift entwickelte, ist zweifellos auf eine Tradition visueller Kunstformen zurückzuführen, die zumindest tausend Jahre alt waren.

Sie scheinen zu der Zeit, als die Schrift erstmals in Ägypten auftaucht, einen neuen Anstoß durch eine weitere Einwanderungswelle libyscher Nomaden in das obere Niltal bekommen zu haben, die stark genug waren, um sich als herrschende Klasse durchzusetzen. Dieser Vorgang wird durch ein weiteres Beispiel archäologischer Detektivarbeit belegt.

Bis zum endgültigen Zusammenbruch der ägyptischen Kultur Tausende von Jahren später werden die Pharaonen immer durch zwei Merkmale in der Malerei und Bildhauerkunst hervorgehoben: Sie trugen immer Tierschwänze und Bärte. Selbst Königinnen, die den Thron bestiegen, wie zum Beispiel Hatschepsut, sind mit diesen Attributen dargestellt. Die Tradition entstand im oberen Tal, aus dem, wie wir noch sehen werden, der Anstoß zur Einigung Ägyptens kam. Diese stilistische Eigenart ist jedoch auch in Bildern der ewigen Erzfeinde Ägyptens, der Libyer, zu beobachten. Dadurch gelang es den Archäologen, die neuen Oberherren Ägyptens zu identifizieren.

Zu dieser Zeit beobachten wir auch zum erstenmal die bis ins Detail durchdachten Vorbereitungen der Herrscher, sich ihren Platz im Leben nach dem Tode zu sichern. In einer dem Vorderen Orient völlig fremden Art wird der Künstler jetzt über den direkten religiösen Bezug hinaus zum Interpreten des alltäglichen Lebens, indem er auf den Grabmauern Szenen aus dem Leben eines Menschen und seiner Umgebung darstellt.

Ein, wenn auch vielleicht nicht der bedeutendste, Stützpunkt der Invasoren war die befestigte Stadt Hierakonpolis am linken Nilufer. In ihren Ruinen wurden konkrete Hinweise auf die Machtkämpfe gefunden, an deren Ende schließlich die Einigung Ägyptens zu einem Staatsgebilde stand – Hunderte von Jahren vor Beginn dieser Entwicklung im Mittleren Osten –, und durch die es zur beherrschenden Weltmacht wurde. Hier wurden auf Schminkpaletten Szenen aus den mörderischen Kämpfen dargestellt, die am oberen und unteren Nil tobten.

Um 3100 v. Chr. hatte sich Ägypten in zwei Königreichen konsolidiert. Oberägypten reichte von der nubischen Grenze bei Assuan bis Assiut. Unterägypten umfaßte den Rest des Niltals und das Delta. Wer die Krone in Unterägypten trug, ist uns nicht bekannt. Aber in Hierakonpolis wurde eine Schminkpalette gefunden, auf der der Name ihres Eroberers eingraviert ist: Narmer, erster Pharao »beider Länder« und das erste menschliche Wesen, dessen Porträt identifiziert werden konnte.

Bis zu seinem endgültigen Sieg war Narmer in Oberägypten wahrscheinlich als der »Skorpionkönig« bekannt, ein Name, der viel über seinen Ruf (oder seine Propaganda) aussagt. Aber Hierakonpolis war dem Kult des Horus ergeben, und das Totem dieses Nomos war der Falke. Hier hat sich die Identifikation des Pharao mit dem Gott und – möglicherweise schon zu einer früheren Zeit – des Gottes mit dem Falken vollzogen.

Zwei Tatsachen belegen, daß Narmer nicht nur ein guter Anführer im Krieg war: Erstens eine Palette, die den Skorpion-König mit einer Hacke in der Hand darstellt, offenbar bei der Einweihung einer neuen Bewässerunganlage, ähnlich wie heute ein Bürgermeister bei der Grundsteinlegung eines öffentlichen Gebäudes mit einer Maurerkelle in der Hand für die Photographen posiert. Zweitens demonstrierte er bei der Verlegung seiner Hauptstadt nach Memphis in Unterägypten – ein folgerichtiger Schritt des Eroberers – seine Herrschaft über Fluß und Menschen sehr eindrucksvoll: Er ließ das Flußbett des Nils umleiten, um seinen Palast an einer ihm genehmen Stelle zu errichten.

Von Anfang an stand die politische Funktion des Pharao gleichrangig neben seiner militärischen. Wie spätere Eroberer des Landes erfahren mußten, genügte militärische Unterwerfung Ägyptens nicht, den Nil zu beherrschen. Trotz häufigen Sturzes von Dynastien zeigt die einzigartige Kontinuität in der Regierung Ägyptens, daß ihre Stärke mehr im organisatorischen als militärischen Bereich lag.

Das von Narmer errichtete zentrale Herrschaftssystem, in dem Ägyptens Kultur sich zu voller Blüte entfaltete, beseitigte die Unzulänglichkeiten in der Regierung der vorher selbständigen Stadtstaaten – die Aufwendigkeit und Unsicherheit ihrer kriegerischen Auseinandersetzungen und ihre beschränkten Mittel –, ohne jedoch die Grundlagen dieses Systems zu zerstören. Die Pharaonen erzwangen die Einigung nicht dadurch, daß sie sich über die von lokalen Gesichtspunkten geprägte Denkweise der Bauern hinwegsetzten, sondern indem sie ihr eine neue Dimension hinzufügten, die übergeordnete Einheit des Reiches, die durch ihre eigene göttliche Präsenz verkörpert wurde.

Bis hinauf zur Ebene des Monarchen, die menschlicher Begründung entzogen war, existierte die alte politische Doppelstruktur weiter. Faktisch gab es zwei Regierungen, da jedes »Ministerium« aus zwei »Häusern« bestand, einem für das Delta, einem für das Tal. Das wurde auch symbolisch bekräftigt. Der Pharao trug zwei Kronen, die rote umschloß die weiße, die turmartig über sie emporragte. Auf seiner Stirn hingen, an einem edelsteinbesetzten Diadem befestigt, die Symbole seiner beiden Schutzgöttinnen – der Schlangengöttin Udjo Unterägyptens und der Geiergöttin Nekheb Oberägyptens. Es gab sogar doppelte Türen im Königspalast.

Die dritte Ebene in dieser Hierarchie war der traditionelle Nomos. Ob Narmer, wie einige Wissenschaftler glauben, einfach die derzeitigen Gauherren in ihrem Amt bestätigte, wenn sie ihm den Treueid leisteten, oder ob er andere an ihre Stelle setzte, ist ziemlich unwichtig. Die Funktion als solche blieb unverändert erhalten. Der Adjmer – der Nomarch – war verantwortlich für alle öffentlichen Arbeiten in seinem Gau, und das bedeutete in erster Linie die Erhaltung und Verbesserung des Bewässerungssystems. Zur Zeit der Nilschwelle hatte er Aufzeichnungen über den Hochwasserstand des Flusses zu machen und, falls dieser unter dem Normalstand blieb, zu entscheiden, ob Maßnahmen zur Abwehr einer Hungersnot erforderlich waren oder nicht. Aber im Gegensatz zu seinen Vorgängern konnte er im Bedarfsfall auf die Reserven der ganzen Nation zurückgreifen.

In guten Jahren hatte er andererseits darüber zu wachen, daß die Lagerhäuser entsprechend bevorratet wurden. Deshalb erhob er Naturalabgaben, die nach einem alle zwei Jahre durchgeführten Zensus festgelegt wurden. Seine höchste Funktion aber war die eines Zivil- und Friedensrichters. Der Beweis für die

Funktionsfähigkeit dieser Organisation: Die Ägypter, trotz ihrer martialisch anmutenden Kunst nicht gerade ein kriegslüsternes Volk, haben Jahrhunderte hindurch immer wieder bewiesen, daß sie entschlossen waren, sich allen Invasoren zu widersetzen.

Welchen zivilisatorischen Standard hatten die Männer, die dieses Herrschaftssystem aufbauten? Nach heutigen Maßstäben einen sehr niedrigen. Starb einer der frühen Pharaonen, wurden 587 Menschen mit ihm begraben. Man stelle sich heute einen Kandidaten für das höchste Staatsamt vor, der ein solches Massaker toleriert hat.

Betrachten wir einmal unter all diesen Aspekten das Problem, ob die Ägypter des dritten Jahrtausends fähig waren, die Pyramiden zu bauen.

Einer der häufigsten Trugschlüsse in den bizarren Erklärungen über den Ursprung der Pyramiden ist die Behauptung, daß wir auch mit den Mitteln der modernen Technik nicht in der Lage seien, dieses Meisterwerk zu wiederholen. Das stimmt einfach nicht. Die Genauigkeit, die die Erbauer dieser monumentalen Bauwerke erreichten, *könnte* wiederholt werden, und die maschinelle Ausrüstung, um mit Steinquadern von der Größe und dem Gewicht, wie sie beim Pyramidenbau verwendet wurden, zu arbeiten, ist entweder vorhanden oder könnte hergestellt werden.

Der Schlüssel zur Lösung dieses Rätsels liegt darin, daß wir es nicht unternehmen *würden.* Uns fehlt die Motivation, die ein so aufwendiges Unternehmen rechtfertigen würde, ob man nun in Dollar rechnet oder in Arbeitsstunden. Was wohl könnte beispielsweise einen Präsidenten der Vereinigten Staaten bewegen, ein solches Projekt auch nur ins Auge zu fassen? Und wie könnte er es vor dem Kongreß und den Wählern rechtfertigen? Man würde ihn für verrückt erklären. Die Ägypter hatten den Willen – oder der Pharao hatte ihn, und er war über jede Kritik erhaben. Ob sie die technologischen Voraussetzungen hatten oder nicht, werden wir im nächsten Kapitel untersuchen.

Narmer einigte Ägypten 350 Jahre vor dem Bau der Großen Pyramide. Um die Perspektive zu verdeutlichen: Die Vereinigten Staaten sind erst zweihundert Jahre alt. Vergleichen wir die Technologie des 18. Jahrhunderts mit der von heute, dann wird es verständlich, daß Ägypten noch sehr viel Zeit hatte, um große technische Fortschritte zu machen, bevor Cheops die Möglichkeit, eine Pyramide zu bauen, überhaupt in Erwägung zog.

In den beiden folgenden Jahrhunderten herrschten in Ägypten zwei Dynastien, die Manetho als die Thiniten-Könige bezeichnet, weil sie vermutlich aus Thinis bei Abydos stammten. Es ist nicht bekannt, ob eine verwandtschaftliche Beziehung zu Narmer bestand, aber eine Tatsache macht es zur Gewißheit, daß sie seine Politik der Einigung der Nation fortsetzten: Ihre Taktik, ägyptischen Architekten die Möglichkeit zu geben, sich rasch in der Technik des Gräberbaus zu vervollkommnen.

Wenn der Pharao, wie die angeführten Beispiele beweisen, der Herr beider Ägypten war, dann ergibt es einen Sinn, daß er nach seinem Tode auch in beiden beerdigt wurde. Deshalb ließen die Könige der 1. und 2. Dynastie die Grabstätten sowohl in Abydos in Oberägypten als auch in Sakkara, auf der Memphis gegenüberliegenden Seite des Nils, errichten. Tatsächlich scheinen aber nur die Grabstätten in Unterägypten zur Beisetzung benutzt worden zu sein.

Diese doppelten Gräber waren aber nicht nur Ausdruck des politischen Selbstverständnisses des ägyptischen Reiches. Die Bestattungssitten waren in den beiden Teilen Ägyptens seit frühester Zeit unterschiedlich. Die Toten blieben in Unterägypten Teil der Familie, sie wurden in der Gemeinschaft der Lebenden beigesetzt, oft unter dem Fußboden des Hauses, in dem sie gelebt hatten. In Oberägypten dagegen hatte man Friedhöfe, und es war Sitte, einen Grabhügel über dem unterirdischen Grab aufzuwerfen.

Die neuen Pharaonen waren ängstlich darauf bedacht, die alten Bräuche zu bewahren. Sie gingen zwar nicht so weit, die neuen

Osirisse im Königspalast zu bestatten, aber sie fanden Mittel, lokalen Empflichkeiten gerecht zu werden. Am Westufer des Nils ließen sie naturgetreue Kopien des Palastes errichten. Doch während der eigentliche Herrschersitz aus Ziegeln und Holz erbaut war, war das Grabmonument für die Ewigkeit bestimmt – die Nachbildungen des Originalpalastes wurden deshalb in Stein errichtet.

In beiden Fällen hatten die Architekten ein Problem zu lösen, das uns heute bizarr anmutet, aber einen interessanten Einblick in das Verhältnis der Ägypter zum Tod und gleichzeitig eine Erklärung für die Richtungsorientierung der Pyramiden gibt. Wenn der Pharao, als Osiris, Ägypten nicht vergessen sollte, dann mußte man verständlicherweise auch sicherstellen, daß er nicht den Eindruck gewann, Ägypten habe ihn vergessen. Wenn man annahm, daß er weiterlebte, wenn auch in einer anderen Identität, dann mußte man ihn mit Lebensmitteln versorgen. Logischerweise konnte man es dabei allein nicht bewenden lassen. Der Pharao, so erwartete man, würde diese Opfergaben verzehren, also waren sie nach einiger Zeit aufgebraucht. In einem Grab in Sakkara gab es eine Getreidevorratskammer, so daß die Diener des Pharao in der anderen Welt Brot für ihn backen und Bier brauen konnten. (Im Einklang mit dieser Auffassung steht auch die Sitte, Kupferbarren in das Grab mitzugeben, aus denen verbrauchte Werkzeuge ersetzt werden konnten.) Aber das alles waren nur temporäre Hilfsmittel. Die beste Garantie zur Sicherung des Wohlergehens des Ex-Souveräns war ein System, die Bevorratung ständig zu erneuern. Zu diesem Zweck wurden Priester mit der Aufgabe betraut, täglich Opfergaben auf ewige Zeit darzubringen.

Die praktische Durchführung war nicht einfach. Der Hauptzweck des Grabes war, die Unversehrtheit der Leiche des Pharao zu sichern. Es mußte daher versiegelt werden, und zwar gründlich. Die Lösung dieses Problems wurde durch magische Inszenierung ermöglicht. In Unterägypten setzte man eine Scheintür in den Grabpalast ein, in die eine Statue des ehemaligen Herrschers gestellt wurde. Wenn das richtige Ritual vollzogen wurde, konnte der Geist des Pharao die Tür durchschreiten und sich in der Statue mit dem Leib vereinigen, um die Opfergaben entgegenzunehmen. Der Glaube an die Macht des Geistes, in einer Statue körperliche Wesenheit anzunehmen, wird durch die im Grabinnern aufgestellten Statuen des Toten bestätigt, die offensichtlich nicht zur öffentlichen Darstellung bestimmt waren. Sie waren als Ersatzkörper gedacht, für den Fall, daß die Kunst des Balsamierers versagte.

In Oberägypten galten die gleichen Grundsätze, aber da es dort keine Steinbauten gab, wählte man eine Form der Annäherung, die jeden Science-fiction-Fan entzücken müßte. Außerhalb des Grabes errichtete man zwei Stelen, freistehende Säulen, in die der Name des Toten eingemeißelt war. Sie waren die Tore zur anderen Welt. Wenn man die Opfergaben zwischen sie legte, konnten diese von der anderen Seite entgegengenommen werden.

Auch darüber macht sich v. Däniken seine Gedanken. Für ihn ist es klar, daß die Speisen nicht verzehrt wurden, denn sie waren ja noch da. Möglicherweise könnten zynische Priester auch auf diese Idee gekommen sein, aber es gibt auch nach modernen Vorstellungen eine durchaus vernünftige Erklärung. Geister, nichtkörperliche Wesen oder Objekte, bewegen sich zwischen den Welten. Der Pharao kam sicherlich nicht daher geschritten, um seine Mahlzeit abzuholen. Niemand erwartete das von ihm. Warum sollte jemand erwarten, daß er das Mahl in seiner physischen Beschaffenheit zu sich nehmen würde? Er würde sich natürlich mit seiner geistigen Essenz stärken.

Was hier für uns wichtig ist: Die Eingänge zur anderen Welt waren sowohl in Ober- wie in Unterägypten auf der Ostseite des Grabes. Sie führten aus der Welt der Lebenden in die Welt der Toten, und das war die exakte Richtung. Daß die Mumie des Pharao möglicherweise von der Nordseite her in das Grab gelegt wurde, war eine ganz andere Sache. Der Körper beherbergte nicht mehr die Seele, er sollte nur fähig bleiben, sie zur gegebenen Zeit wiederaufzunehmen. Es lag hier also keine Überschneidung mit den Verbindungslinien der beiden Welten – von Ost nach West – vor. Für die pragmatisch denkenden Ägypter war ein Seiteneingang eine durchaus akzeptable Lösung des architektonischen Problems.

Das Bemühen, einen Königspalast in Stein nachzubilden, ist unverkennbar. Aber die Form der Mastaba-Gräber (das Wort ist arabischen Ursprungs und bezeichnet die in der Nähe der Häuser häufig anzutreffenden Felsplatten) behält daneben ihre traditionelle Bedeutung. In Oberägypten muß, das entspricht geologischer Realität, die eigentliche Grabkammer in den Fels gehauen sein.

Seien wir nicht zu rational, fragen wir also nicht, warum sie sich damit soviel Mühe machten, wenn das Grab doch nicht benutzt werden sollte. Welche Veranlassung hatte der Pharao, der lebendige Gott, das den Architekten mitzuteilen? Jeder, der in einer Armee alten Stils gedient hat, weiß, wie oft man Gräben ausgehoben und wieder zugeschüttet hat, nur weil es so befohlen war. Und wenn Sie sich der Täuschung hingeben, Sie lebten heute in einer rationalen Welt, dann beherrschen Sie entweder die irrationale Kunst, die Augen vor der Wirklichkeit zu verschließen, oder Sie werden einmal einen schmerzhaften Schock erleiden.

Eine kurze Anmerkung sei hier erlaubt: Die Toten speisten gut. Das Menü in einem Grab der 2. Dynastie bestand aus Suppe, einem vorzüglichen Rippenspeer, gebratenen Nieren, Tauben, Wachteln, Fisch, Brot, Obst und Kuchen. Es wäre eine herzerwärmende Kost für einen englischen Gentleman der Zeit Edwards VII., der vegetarische Nahrung verachtete, gewesen. –

Aber ein Loch in den Felsen zu bohren, genügte keineswegs. Ein Pharao konnte höchste Ansprüche stellen, und dem wurde Rechnung getragen. Der Akzent lag auf der Innenausstattung.

Die Grabkammern in Abydos, dem traditionellen Begräbnisplatz der Osiris, waren mit Ziegeln verkleidet, hatten Fußböden und Wandvertäfelungen aus importiertem Holz. Die Decken wurden von massiven Zedernstämmen aus dem Libanon getragen. Das alles wurde von einem riesigen Sandhügel abgedeckt und mit Ziegelmauern umgeben.

Und es sollte auch nicht der Eindruck entstehen, es handele sich dabei um standardisierte Baupläne. Entweder der Auftraggeber oder der Architekt fand genügend Möglichkeiten, Individualität zum Ausdruck zu bringen. Ein Grab aus der I. Dynastie war zum Beispiel mit Granit gepflastert, einem Felsstein, den nach Meinung mancher Theoretiker ägyptische Steinmetzen noch zweihundert Jahre später nicht zu bearbeiten verstanden.

Zu Beginn der 3. Dynastie hatte jemand diese doppelten Grabmonumente für überflüssig erklärt. Die letzte Entscheidung darüber lag sicherlich beim Pharao Djoser, aber der Anstoß dürfte wohl von seinem Baumeister Imhotep gekommen sein. Fünfundsiebzig Jahre vor den Bauten von Giseh errichtete er in Sakkara die erste Stufenpyramide.

Man denke an die technologischen Fortschritte, die in fünfundsiebzig Jahren zu erreichen waren. Als das Automobil im Jahre 1900 erfunden wurde, waren die Brüder Wright mit ihren Flugzeugmodellen erst im Stadium des Experimentierens. Wer zu dieser Zeit von Kap Kennedy gesprochen hätte, würde allenfalls hysterische Lachanfälle hervorgerufen haben – außer vielleicht bei Jules Verne. Und doch kann der Schriftsteller v. Däniken, der auf so vertrautem Fuße mit extraterrestrischen Raumfahrern steht, nicht glauben, daß in einer so kurzen Zeitspanne gewöhnliche Menschen, die einfache Leinenkilts trugen, solche Fortschritte gemacht haben sollten, daß sie das Projekt der Großen Pyramide angehen konnten.

Außer daß er das Projekt der Stufenpyramide autorisierte, wissen wir nicht viel von Djoser. Wenn wir nichts anderes über *ihn* wissen, muß Imhoteps Name bei seinen Zeitgenossen als das hervorragende Beispiel für Größe gegolten haben.

Und nun ist es an der Zeit, die kurze, schrecklich unexotische, aber nichtsdestoweniger unglaubliche Geschichte vom Bau der Pyramiden zu erzählen.

13

»Haus der Ewigkeit«

Zur Zeit des klassischen Griechenlands galt Imhotep, Hoherpriester von Helipolis, Arzt, Schreiber und Architekt, als Halbgott, als Heros im Gefolge des Gottes der Medizin, Asklepios. Selbst v. Däniken mit seiner skeptischen Einstellung zur geistigen Potenz des Menschen ist von dieser legendären Gestalt beeindruckt und nennt ihn den Einstein seiner Zeit. Tatsächlich aber ist sein einziges uns bekanntes Werk die Stufenpyramide in Sakkara. Das soll seinen Rang nicht herabsetzen, nur die Perspektiven zurechtrücken. Er war ein Mensch, nicht mehr und nicht weniger.

Wenn das Konzept auch kühn war, so weist doch nichts darauf hin, daß es das Ergebnis einer blitzartigen Erleuchtung war. Im Gegenteil. Bevor wir uns mit dem Entstehen der Idee befassen, wollen wir zunächst das Resultat in Augenschein nehmen. Was wir vor uns haben, ist ein 548 mal 274 Meter großes Gehege, umschlossen von neun Meter hohen weißen Kalksteinmauern. In ihm befinden sich die Ruinen verschiedener Bauwerke, darunter die Nachahmung eines unterägyptischen Palastes und die Pyramide selbst. Sie ist 61 Meter hoch und, worauf schon der Name hindeutet, in sechs Stufen errichtet – das »Haus der Ewigkeit«. Die Pyramide wurde aus Kalksteinblöcken in der Form von Schlammziegeln erbaut, nur wenig größer als diese.

Wenn wir von dem ausgehen, was wir von Königsgräbern des Neuen Reiches bereits wissen, dann zeigt sich – nüchtern betrachtet –, daß Imhotep und Djoser lediglich einen Schritt weiter gegangen sind und den von ihren Vorgängern in der Anfangsphase der Einigungsbestrebungen entwickelten Notbehelf der zwei Gräber beseitigt haben. Und es war nur logisch, daß das Monument in Oberägypten geopfert wurde, denn die siegreiche

Seite brauchte keine Propaganda, um den neuen politischen Status zu akzeptieren.

Die Pyramide selbst ist in Wirklichkeit eine Erweiterung der althergebrachten Mastaba, bei der in sechs Stufen eine Mastaba auf die andere aufgesetzt wurde. Die Form der Mastaba geht wahrscheinlich auf das Nomadenzelt zurück, eine Erinnerung also an den Ursprung der neuen Herrscher.

Bei den Ausgrabungen zeigte es sich, daß die Stufenpyramide in mehreren Etappen gebaut wurde, daß Imhotep also die Idee, mehrere Schichten übereinanderzulegen, erst im Verlauf der Bauarbeiten entwickelte. Um eine ausreichende Grundfläche für die Anlage der nächsten Schicht zu bekommen, mußte die Basis der ursprünglichen Mastaba jeweils vergrößert werden.

Das charakteristische Bild der Stufenpyramide wird durch das Fehlen der Fassadenverkleidung unterstrichen, wie wir sie bei den Monumenten der Nachfolger Djosers finden. Sie hat auch nicht die mathematische Vollkommenheit des quadratischen Grundrisses, da Imhotep von dem ursprünglichen, rechteckigen Mastaba-Plan ausging.

Überhaupt kann die Pyramide selbst weniger Anspruch auf Originalität erheben als die Änderungen, die Imhotep in dem Palastbereich des Totengeheges durchführte: Die Idee einer naturgetreuen Nachbildung ließ man fallen; sie wurde so modifiziert, daß sie den Anforderungen des Totenkults entsprach, der eine immer stärkere Rolle bei der Planung der späten Pyramiden spielte. Diese Rituale, die uns trotz intensiver Bemühungen auch heute noch wenig verständlich sind, haben sich offenbar aus primitiven Zeremonien der Fruchtbarkeitskulte entwickelt. Die Rolle des Königs war die des Gemahls der Priesterin, der Verkörperung der Mutter-Gottheit. Da man vor allem Zeugungskraft von ihm erwartete, hatte er seine Männlichkeit regelmäßigen Tests zu unterwerfen. Versagen bedeutete Tod und die Ernennung eines Nachfolgers.

Auch Änderungen sozialer Lebensformen können Traditionen nicht willkürlich beseitigen, sie entwickeln sich weiter und bekommen eine neue Bedeutung. Die Funktion der Heb-Sed-Zeremonie, ursprünglich eine Art Gottesurteil, wurde durch den Totenkult völlig verändert, bis sie schließlich in der 3. Dynastie den Sinn erhielt, die Erneuerung der Existenz des Pharao im Jenseits zu bekräftigen. Die Priester beschworen in einem feierlichen Ritual die übrigen Götter, die Souveränität des Osiris in der anderen Welt anzuerkennen.

So bedeutsam diese Änderungen gewesen sein mögen, Tatsache ist, daß erst die Pyramide den Anstoß zu dem ungeheuren Arbeitsaufwand gab, den wir in Giseh bestaunen. Daß Imhotep auf die Idee kam, die Mastaba zu vergrößern, genügt nicht als Erklärung. Welche Absicht verfolgte er damit? Was sollte dieses Bauwerk ausdrücken? Heute ist es uns klar, daß diese Grabmonumente vor allem unter dem Aspekt ihres Propagandawerts konzipiert wurden.

Sicherlich kann man die Pyramide als eindrucksvolle Darstellung des Ruhms des Herrschers der »Beiden Länder« verstehen, aber eine solche Erklärung ist zu vereinfachend. Die Natur der ägyptischen Monarchie wird hier, bewußt oder unbewußt, zur Schau gestellt, die Ausstrahlung der Macht von oben nach unten. Es ist schwierig, eine emotionale Wirkung zu sezieren, aber es fällt nicht schwer, die Pyramide als Ausdruck des *Maat* zu begreifen, des fundamentalen und beherrschenden Konzepts, das die Stellung des Pharao im damaligen Ägypten bestimmt. Maat läßt sich in etwa als »Wahrheit« oder »rechte Ordnung« definieren. Mit der Errichtung der Monarchie wird eine neue und wohlgeordnete Welt existent, die auf Normen und Gesetze gegründet ist. All das ging vom Pharao aus. Solange seine Stellung gesichert war und vom Volk respektiert wurde, war es mit Ägypten gut bestellt. Das heißt nicht, daß es keine Probleme mehr gab, keine Hungersnöte, keine militärischen Niederlagen. Sie mußten hingenommen werden. Aber solange die Pyramide, sinnfälliger Ausdruck der Macht, intakt blieb, war man im Universum geborgen. Wenn sie zusammenbrach, würde alles ungewiß sein. Durch konsequente Weiterentwicklung der Lehre vom Maat wurde das Leben in Ägypten schon bald von Vorschriften und Konventionen bestimmt, die keinen Zweifel daran ließen, was richtig und schicklich war.

Was immer Imhoteps Beweggründe waren, er hatte den ersten Schritt getan. Eskalation war unvermeidlich. Die Pyramide war einfach für die politisch-religiöse Struktur der Zeit eine zu gute Erfindung, die man nicht wieder fallenlassen konnte. Und für die neue Dynastie, die nach Djosers Tod die Macht übernahm, waren neue und bessere Pyramiden eine echte Notwendigkeit. Sie waren eine sichtbare Bestätigung ihrer Legitimität.

Snofru, der Begründer der 4. Dynastie, führte dabei größere Feldzüge – Niederschlagung einer Revolte in Nubien, Unterwerfung der Nomaden in Libyen und auf der Halbinsel Sinai – und baute drei Pyramiden. Als er schließlich daranging, einen Plan für sein Mausoleum zu entwerfen, konnte er sich des Friedens in seinem Reich zu Recht erfreuen.

Wir können nicht beurteilen, wie erfolgreich er als Heerführer war, aber die während seiner Regierungszeit gebauten Pyramiden zeugen von den Problemen, die er als Architekt hatte. Imhotep war offensichtlich nur schwer zu ersetzen.

Der Hintergrund der Geschichte der drei Pyramiden ist unscharf, aber der Physiker Kurt Mendelssohn hat eine Theorie aufgestellt, die sie zum Teil erklärt. Das erste Unternehmen war eine neue Stufenpyramide, die bei Medum gebaut wurde und eindeutig das Ziel hatte, Djosers Erfolg zu übertrumpfen. Zunächst wurden sieben Ebenen gebaut, dann eine achte aufgesetzt. Wenn Mendelssohns Rekonstruktion der Ereignisse richtig ist, wurde, als diese noch im Bau war, eine zweite Pyramide bei Sakkara begonnen. Beide waren Weiterentwicklungen der Pläne Imhoteps. Die Pyramide von Medum wurde auf einem quadratischen Grundriß entwickelt, der für alle späteren Pyramiden obligatorisch blieb. Die Knick-Pyramide von Dahschür brachte eine weitere Verbesserung. Sie hatte wie die späteren Pyramiden kleinere Stufen, und ihre Außenfläche wurde mit polierten Quadern abgedeckt.

In ihrer letzten Form hatte die Pyramide von Medum einen Böschungswinkel von 51°, aber bei einer genaueren Prüfung stellte man fest, daß dieser nicht dem ursprünglichen Plan entsprach. Mendelssohn glaubt, daß man das Monument von Medum mit einem erheblich steileren Gefälle begonnen hatte (der untere Teil der Knick-Pyramide hat einen Böschungswinkel von 54° 15'). In Medum gibt es klare Anzeichen dafür, daß der ursprüngliche Bau zusammenbrach und die Pyramide von Grund auf neu gebaut werden mußte. Wenn sich das Unglück ereigente, als mit der Knick-Pyramide bereits begonnen worden war, würde das deren eigenartige Konstruktion mit zwei verschiedenen Böschungswinkeln erklären.

Ingenieure diagnostizierten als Ursache des Unglückfalls von Medum den extremen Druck, dem die Pyramide durch das große Gewicht des oberen Teils ausgesetzt war. Nach dieser Erkennnis gingen sie wieder an ihre Zeichenbretter und kalkulierten ihre Pläne für die Knick-Pyramide neu. Der Böschungswinkel wurde jetzt auf 43° herabgesetzt. Das seltsame Bild des Endprodukts mag das ästhetische Gefühl des Pharao verletzt und ihn zu dem Befehl veranlaßt haben, noch einmal von vorn zu beginnen und dabei eine mäßigere Neigung zu planen, wie sie auch zur Norm für alle zukünftigen Pyramiden wurde. Das Ergebnis ist als die Rote Pyramide bekannt.

Snofrus Nachfolger war Chufu (Cheops). Wir sind schon vertraut mit der ihm zugeschriebenen Pyramide, der Großen Pyramide oder, wie ihr eigentlicher Name lautet, »Chufu des Horizonts«. Kehren wir also zu der Frage zurück, ob die Ägypter sie gebaut haben können. Nach unserer historischen Exkursion wissen wir, daß sie – oder andere – inzwischen über große Erfahrung verfügen mußten, und wer immer diese anderen gewesen sein mögen, sie waren ganz sicher nicht allwissend oder allmächtig. Sie verraten sehr menschliche Eigenschaften, änderten ihre Pläne und machten technische Fehler. Das bringt sie auf die Erde zurück, läßt aber das Ergebnis ihrer Bemühungen nicht weniger eindrucksvoll erscheinen.

Lassen Sie uns also einmal davon ausgehen, daß es tatsächlich die Ägypter selbst waren, die diese Bauten errichteten, und sehen wir uns einmal an, wie sie es geschafft haben *könnten*. Wir verwenden ehrlicherweise die Konditionalform, denn es gibt wenig hieb- und stichfeste Beweise, daß die ägyptischen Techniker so und nicht anders zu Werke gingen. Alle diese Methoden sind andererseits insofern wohlbegründet, als feststeht, daß die notwendigen Werkzeuge und das Know-how zur Zeit des Baus der Großen Pyramide verfügbar waren. Wir wollen die Konstruktion einer Pyramide Schritt für Schritt verfolgen und dabei auf die Einwände eingehen, die gemacht worden sind.

Da ist zunächst das Problem des Steinmaterials selbst. Warum arbeiteten die Baumeister mit so massiven Felsblöcken, und woher bekamen sie sie? Die Antwort auf die erste Frage ist nicht schwer, wenn wir erst eine Lösung für die zweite gefunden haben. Djosers Stufenpyramide mit ihren ziegelgroßen Steinen mußte deutlich genug die Untauglichkeit gezeigt haben, ein Bauwerk dieser Größenordnung mit kleinen Bauelementen zu errichten. Deshalb mußten Imhoteps Nachfolger automatisch an größere Einheiten gedacht haben. Theoretisch ist dies ganz schön, aber wie sollten sie diesen Gedanken in die Tat umsetzen?

Sie hatten zwei Probleme zu lösen: die Gewinnung des Steins und seinen Transport. Das zweite Problem ließ sich zum Teil lösen, wenn man das Felsgestein verwendete, das in Ägypten verfügbar war, und die Ägypter hatten glücklicherweise im Niltal eine reiche Auswahl an Möglichkeiten zum Steinabbau. Tatsächlich wurde für den Pyramidenbau nur Kalkstein verwendet, der auf dem anderen Nilufer gebrochen werden konnte. Die Blöcke für die Innenschichten kamen aus Mokattam und das feinere Material für die Oberfläche aus Tura und Masura. Nur die geringe Menge des benötigten Granits mußte aus einiger Entfernung herangeholt werden. Er wurde stromabwärts von Assuan aus mit Flößen herbeigeschafft.

Die Ägyptologen, die die Abbauspuren in den Steinbrüchen prüften, glauben die angewendeten Techniken zu kennen. Ein Forscher hat sie sogar an dem harten Granitstein bei Assuan ausprobiert. Sie erwiesen sich als durchaus wirkungsvoll. Bei Kalkstein mußte die Arbeit noch müheloser gewesen sein.

Der erste Schritt des Steinmetzen war, einen Laufgang in die Felswand zu hauen, in der Nähe der Spitze, und so eine Standfläche für die Arbeiter zu schaffen, auf der sie in aufrechter Haltung stehen konnten. Sobald dieser »Flur« eingerichtet war, wurde er durch Leitlinien markiert, die die Maße der benötigten Blöcke anzeigten. Diesem Gitternetz folgend schlug man mit Kupfermeißeln und Spitzhacken schmale Kerben in den Stein. In diese wurden Keile getrieben, die den Fels spalteten. Bei besonders widerstandsfähigem Gestein verwendete man Holzkeile, die, wenn sie eingetrieben worden waren, mit Wasser getränkt wurden, damit sie sich ausdehnten und den Fels aufrissen. Was dann noch zu tun blieb, war, von der Vorderseite her den Felsblock an seiner Basis loszumeißeln. Die Steinmetzen konnten dann felsabwärts arbeiten und eine Lage Blöcke nach der anderen abnehmen.

Die Felsblöcke wurden in unbehauenem Zustand aus den Steinbrüchen abtransportiert und an der Baustelle bearbeitet. Das bringt uns zum Transportproblem, denn einen fünfzehn Tonnen schweren Kalksteinblock zu bewegen, wenn auch nur wenige Kilometer, ist nicht leicht zu bewerkstelligen.

Das erste Erfordernis ist Arbeitskraft, und zwar, da moderne Maschinen nicht vorhanden sind, in großer Menge. Nach irgend einer nicht angegebenen Quelle gibt v. Däniken als Bevölkerungszahl Ägyptens zu dieser Zeit 50 Millionen an, eine enorme Zahl. Es wäre interessant zu wissen, welche »Experten« er hier zitiert, denn die jüngste Regierungserhebung über die derzeitige

Bevölkerung stellte 36420000 fest. Die höchste Zahl, die die meisten Autoritäten für die Pharaonenzeit angeben, ist 5 Millionen, einige geben auch nur 1,5 Millionen an.

Die einzige Zahl über die beim Bau der Großen Pyramide eingesetzten Arbeitskräfte finden wir bei Herodot, der behauptet, ihm sei die Zahl einhunderttausend genannt worden. Ägyptologen halten diese Zahl für realistisch, aber lediglich für eine zeitlich begrenzte Aufgabe, nämlich für den Transport der Steinblöcke aus den Steinbrüchen nach Giseh. Aber auch diese Zahl war nur unter den besonderen Bedingungen des Niltals ausreichend. Das Hochwasser spielte dabei eine große Rolle, da es die Möglichkeit bot, die großen Blöcke von einem Ufer zum anderen zu flößen.

Immerhin, auch für ein Land mit 5 Millionen Einwohnern scheint das eine unglaubliche Verschwendung von Arbeitskraft zu sein, eine fast untragbare Belastung der Wirtschaft, wenn man die Anzahl von Jahren berücksichtigt, die der Bau einer Pyramide dauerte. Auch hier gibt uns das Hochwasser den Schlüssel. Von Mitte Juni bis in den September hatten die ägyptischen Bauern nichts anderes zu tun, als sich vor der Nässe zu schützen, und was man für diesen Bauabschnitt brauchte, war Muskelkraft, keine Facharbeit.

Kurt Mendelssohn steht nicht allein mit der Ansicht, daß der Pyramidenbau auch ein öffentliches Projekt war, um die zeitweilig Arbeitslosen zu beschäftigen. Gleichzeitig konnte die Zusammenarbeit vieler Menschen aus den verschiedenen Nomoi auch dazu dienen, die neue Nation zusammenzuschweißen.

Aus den Resten der Baubaracken bei der Chephren-Pyramide haben Ägyptologen errechnet, daß der feste Stamm von Arbeitern bei diesem Projekt viertausend Mann betrug. Das werden also die Facharbeiter gewesen sein. –

Wir haben jetzt die roh zugehauenen Steinblöcke auf dem Bauplatz. Was geschieht als nächstes? Da ist zunächst die Beendigung der Steinmetzarbeit. Für den Baukern, also den überwiegenden Teil der benötigten Steinblöcke, war keine große Genauigkeit erforderlich. Sie mußten zugehauen, die rauhen Kanten mit Diorit, einem harten grünlichen Stein, abgeschliffen werden. In den Assuan-Steinbrüchen wurden Proben davon gefunden.

Wo Feinarbeit erforderlich war, zum Beispiel um die notwendige Präzision beim Einpassen der Mantelsteine zu erreichen, hatte man die verschiedensten Werkzeuge zum Schneiden und Zurichten zur Verfügung. Durch lange Erfahrung in der Steinbearbeitung hatte man einen neuen Werkzeugsatz entwickelt, der Kupfer- oder Bronzesägen mit Zähnen aus Halbedelsteinen enthielt, zum Beispiel Chrysoberylle, Berylle, Topase und Saphire. Wenn man bedenkt, daß die Steinblöcke von Männern bearbeitet wurden, die darin geschult waren, kunstvolle Steinvasen herzustellen, dann ist der hohe Standard dieser Arbeit nicht überraschend. Sie waren gewohnt, mit geringsten Toleranzen zu arbeiten.

Als nächstes mußte das Fundament mit absoluter Genauigkeit horizontal ausgerichtet werden, da jeder Irrtum bei einem Bauwerk dieser Größenordnung gefährliche Folgen haben mußte. Ägyptologen sind davon überzeugt, daß man zu diesem Zweck einen Kanal um das geplante Areal der Pyramide aushob und daß der Wasserspiegel zur Niveaumessung diente.

Wenn das Fundament gelegt und das Baumaterial herangeschafft war, stellte sich den Baumeistern das letzte Problem: die Monolithen ohne Baukräne, Winden oder andere Baumaschinen aufzusetzen. Die ägyptischen Ingenieure kannten ja nicht einmal den Flaschenzug.

Die erste Steinlage war leicht zu bewältigen, wenn man überhaupt ein Mittel besaß, um die Blöcke zu bewegen. Schlitten waren die Antwort auf dieses Problem, mit Gleitrollen aus Holz, um die Reibung zu reduzieren. Welches Holz? fragt v. Däniken und verweist darauf, daß Bauholz im Niltal nicht verfügbar war. Aber wie wir bereits wissen, konnte man es aus dem Libanon beschaffen.

Nachdem die erste Schicht gelegt ist, wird die Sache problematischer. Die Lösung besteht darin, eine Rampe anzulegen und sie ständig zu verlängern, damit die Steigung bei wachsender Höhe der Pyramide nicht zu groß wird. Dazu braucht man wieder die Muskelkraft der hunderttausend Aushilfsarbeiter. Doch es besteht kein Grund zu der Annahme, daß Menschen allein diese Arbeitsleistung zu erbringen hatten. Seit mehr als eintausend Jahren waren aller Wahrscheinlichkeit nach Ochsen vor den Pflug gespannt worden. Man kann heute noch auf Landwirtschaftsausstellungen erleben, daß die Kraft der Ochsen durch Wettbewerbe im Ziehen von Steinblöcken demonstriert wird.

Das einzige Problem, das jetzt noch bleibt, besteht darin, die Steine an ihrem richtigen Platz einzusetzen. Die ägyptischen Ingenieure hatten dafür mehr als nur eine Lösung. Man konnte sie, indem man den Boden unter ihnen aushob und sie hochstemmte, auf eine sinnreich konstruierte Vorrichtung bringen, die nach dem Prinzip der Waage funktionierte. Das war eine Art Kufenschlitten auf Rädern. Wenn der Block nach einer Seite gekippt wurde, legte man einen Keil unter die andere Seite. Wurde er zurückgekippt, unterlegte man einen zweiten Keil, und so, Schritt für Schritt, wurde er in die richtige Höhe gebracht.

Damit der Block nun auf seine Unterlage gleiten konnte, mußte zunächst der Reibungswidertand verringert werden. Das erreichte man, indem man auf den tragenden Stein Kalkmörtel auftrug, um ihn gleitfähig zu machen.

Bei Anwendung dieser Methode würde man nach der Berechnung von Sir Flinders Petrie mit sechs Gruppen zu je zehn Mann zum Heben der Steinblöcke zwanzig Jahre gebraucht haben, um die Große Pyramide zu erbauen. Herodots Zahl: ebenfalls zwanzig Jahre. Von Däniken dagegen berechnete 664 Jahre. Ohne zu erklären warum, behauptet er, daß »die ungeheure Akkordleistung je Tag zehn aufgetürmte Blöcke« gewesen sein könne – mehr hält er nicht für möglich.

Aber v. Däniken glaubt ja auch nicht, daß die Ägypter ohne

Hilfe von außen fähig gewesen wären, die Pyramide zu bauen. Sie waren ihm zu primitiv. Aber sehr viel primitivere Völker haben unglaubliche Meisterstücke mit Megalithen fertiggebracht.

Stonehenge in Britannien ist ein Beispiel. Die bei diesem gewaltigen neolithischen Monument verwendeten Felsblöcke haben bis zu fünfzig Tonnen Gewicht. Der äußere Kalkstein-Ring allein besteht aus dreißig Steinpfeilern, von denen jeder fünfundzwanzig Tonnen wiegt, und dreißig Decksteinen von je etwa sieben Tonnen Gewicht. Und die Pfeiler der fünf Trilithen haben ein Gewicht von etwa fünfundvierzig Tonnen. Zugegeben, sie sind nicht mit der Präzision zusammengefügt, die wir bei der Großen Pyramide bestaunen, und es handelt sich auch nicht um eine annähernd vergleichbare Anzahl, aber das Gewicht der einzelnen Felsblöcke ist weit größer als bei der Pyramide, und die riesigen Decksteine mußten auf die Pfeiler aufgesetzt werden.

Im Jahre 1954 hat der BBC Television Service ein Experiment durchgeführt, um herauszufinden, wie viele Männer benötigt würden, um mit den nach Ansicht der Archäologen angewandten Methoden dieses Monument zu errichten. Um die mehr als achtzig Felsblöcke in diesem Ring über eine Strecke von zweiunddreißig Kilometern vom Steinbruch bis zur Baustelle zu transportieren, hätte man tausend Mann mehrere Jahre beschäftigen müssen. Bei dem schwersten Felsblock, einem Fünfzigtonner, hätte man hundert Mann benötigt, um ihn auf Rollen zu bringen und vorwärtszubewegen, und weitere hundert, um die frei werdenden Rollen jeweils wieder nach vorn zu schaffen. Zusätzlich hätte man dreihundert Mann bei Steigungen gebraucht.

Um einen Pfeiler des äußeren Ringes aufzurichten, wären zweihundert Mann nötig gewesen. Die Decksteine, die mit Hebebäumen auf eine Plattform gehievt werden mußte, hätten von sechs Mann aufgesetzt werden können.

Die scheinbare Unmöglichkeit, solche Projekte zu verwirklichen, ist zu einem großen Teil ein Ergebnis unserer Zivilisation. Selbst wenn wir zu solchen körperlichen Anstrengungen motiviert werden könnten, ohne unsere gewohnte Technologie würden wir uns wahrscheinlich nicht nur hilflos fühlen, sondern wirklich hilflos sein, da wir die Techniken nicht mehr beherrschen, die durch die moderne Wissenschaft verdrängt worden sind. Und das Unglaubliche dabei ist, daß wir – ebenfalls als Produkt unserer Zivilisation – größer und gesünder sind als die Männer, die diese Monumente gebaut haben.

Das wohl größte Geheimnis der Pyramiden bleibt wohl, warum der Mensch so sehr das Vertrauen in seine eigenen Fähigkeiten verloren hat, daß er nach exotischen Erklärungen für das suchen muß, was durch intelligenten Gebrauch vorhandener Mittel und reine Muskelkraft vollbracht wurde. In unseren Augen ist es natürlich kein Zeichen von Intelligenz, dem Bau einer Pyramide eine so hohe Rangordnung zu geben, und das genau ist ja der Grund, warum wir sie heute nicht bauen. Aber nach den Wertvorstellungen der damals verantwortlichen Männer war ein solches Unternehmen durchaus logisch – und das ist für uns am schwersten zu begreifen.

14

Geheimnisvolle Kräfte

So kommen wir jetzt auf unsere anfängliche Frage zurück: Warum schweigen die Establishment-Wissenschaftler sich aus, wenn die Frage nach der Pyramidenenergie gestellt wird? Und die Antwort kann weder lauten, daß es sich um eine Verschwörung des Schweigens handelt – denn dann müßten wir inzwischen auf eine Spur gestoßen sein, daß hier tatsächlich etwas zu verbergen ist –, noch daß sie die Pyramiden von solch schrecklichen Geheimnissen umwittert sehen, daß sie sich fürchten, darüber zu sprechen. Dürfte es nicht eher so zu erklären sein, wie Petrie vor langer Zeit schon schrieb: »Die phantastischen Theorien werden jedoch immer noch ausgestreut... Es ist nutzlos, die wirklichen Tatsachen zu erklären...«

Dieses Buch hat an keiner Stelle die Existenz der Pyramidenenergie widerlegt. Es mag sie wohl geben, aber ihre Ursachen scheinen nicht durch irgendeine der angeführten Theorien über die 3 Pyramiden erklärt zu werden.

Wie es einerseits keine solide Grundlage für die Behauptung gibt, daß die Ägypter die Große Pyramide nicht selbst hätten bauen können, gibt es auf der anderen Seite stichhaltige Gründe für die Annahme, daß sie tatsächlich keinem anderen Zweck dienen sollte, als eine Begräbnisstätte zu sein. Aber man kann uns hier immer noch ein Argument entgegenhalten: Wenn der Sinn dieses Monuments darin lag, den Körper des toten Pharao vor Grabräubern zu schützen, warum war die Große Pyramide dann leer, als sie »zum ersten Mal« seit ihrer Versiegelung geöffnet wurde?

Offenbar hängt alles davon ab, welchen Ägyptologen man Glauben schenken will. Eric Norman, der sehr viel über esoterische Themen geschrieben hat, zitiert in *Gods, Demons and Space*

Chariots (Götter, Dämonen und Raumfahrzeuge) einen von ihnen, der seinen Namen nicht preisgeben will. Dieser plappert alles nach, was v. Däniken ihm vorgebetet hat, einschließlich der Hypothese, daß die Ägypter zur Zeit des Pyramidenbaus keine Seile kannten. Für ihn ist das alles sehr mysteriös.

Dann ist da Ahmed Fakhry, unter den heutigen Ägyptologen eine der in der ganzen Welt anerkannten Autoritäten. Er schreibt in *The Pyramids:* »Es steht fest, daß während der Römerzeit das Innere der (Großen Pyramide) geöffnet und teilweise für Besucher zugänglich war.« Nach Fakhry wurde der Eingang später von Sand und herabfallenden Trümmern verschüttet.

Und die extravaganten Verfechter phantasievoller Theorien über das Fehlen der Mumie übersehen die Tatsache, daß trotz der ständig wachsenden Sicherheitsmaßnahmen der ägyptischen Behörden in den Tausenden von Jahren kaum ein Grab ungeplündert blieb.

Wie im Fall der Stufenpyramide von Sakkara überschattet das Monument selbst alles, was in seiner Umgebung liegt. Die Theoretiker der verschiedenen Richtungen, deren Ideen wir diskutiert haben, machen in einem Punkt alle denselben Fehler: Sie ignorieren die Ruinen der Bauwerke, die Teil des Gesamtkomplexes waren, zu dem die Große Pyramide gehört.

Es ist interessant, wie einmütig sie zu erwähnen vergessen, daß östlich unmittelbar an die Pyramide anschließend sich Stelen befinden, bei denen dem Osiris Opfer dargebracht wurden. Sie alle scheinen sich der Tatsache nicht bewußt zu sein, daß sich am Rande des Tals ein Tempel befindet, von dem ein Gang zu einem anderen Tempel führt, der an die Pyramide grenzt. Wir finden solche Tempel auch bei den anderen Pyramiden. Sie gehörten in das Ritual des Totenkults. –

Möglicherweise sind die Establishment-Wissenschaftler auch der ständigen Auseinandersetzung müde, bei denen man von ihnen velangt, Beweise vorzulegen, während die Opposition sich über derlei Bagatelldinge erhaben fühlt... obwohl sie nicht zögert, den gleichen wissenschaftlichen Status zu beanspruchen und mit Titeln ebenso um sich wirft wie mit berühmten Namen.

Ein Buch wie dieses läuft Gefahr, einen falschen Eindruck zu erwecken. Die Beweise, die Wissenschaftler zur Erhärtung ihrer Theorien zu erbringen haben, müssen so detailliert sein und erfordern die Erarbeitung so vieler Hintergrunddaten, bevor sie überhaupt zum Kern der Sache kommen können, daß man die Anstrengung scheut, so weite Strecken mitzugehen, ohne das Ziel noch zu erkennen. Um eine Vorstellung zu vermitteln, was damit gemeint ist, wollen wir nur *einen* der Beweise näher anschauen, die für eine der im vorigen Kapitel erwähnten Theorien vorgebracht worden sind. Dabei müssen wir uns vor Augen halten, daß der Mann, der diesen Beweis vorgelegt hat, uns nachdrücklich erklären würde, daß es sich nur um eine Theorie handele, die nicht als schlüssig bewiesen betrachtet werden könne.

Der Ägyptologe Rex Engelbach, der bei Petrie studiert hat, deduzierte die Methode, nach welcher das Niveau für das Fundament der Großen Pyramide bestimmt wurde. Einer der Beweise, die er für seine Theorie der Niveaumessung mit Hilfe des Wassers vorlegte, beruhte auf der Tatsache, daß eine Neigung von etwa 15 cm von der Nordost- zur Südwestecke bestand, obwohl die Grundfläche vollkommen plan war. *Wenn* man den Boden mit Wasser überspült hatte, um die Waagerechte zu bestimmen, und *wenn* dabei der Wind aus Nordost gekommen war, würde das die Neigung erklären.

Aber, das wußte Engelbach sehr wohl, morgen schon konnten neue Beweise diese Theorie umstoßen. Da zuverlässige, unwiderlegliche Quellen fehlen – wie zum Beispiel Arbeitsnotizen des Architekten, der den Bauplan für die Große Pyramide entworfen und die Bauausführung überwacht hat, wird die Frage nie endgültig zu beantworten sein. Bei einer solchen Sachlage scheint Engelbachs Erklärung eben die fundierteste zu sein.

Männer, die so strenge Maßstäbe für wissenschaftliche Akribie setzen, werden an das Thema Pyramidenenergie nicht gerade enthusiastisch herangehen, besonders in Anbetracht des erwähnten Leumunds ihrer Verfechter. Schon die Erwähnung der Großen Pyramide treibt ihnen die Haare zu Berge. Ist es nach den Erfahrungen, die Petrie, Sir Daniel Wilson und Dr. Barnard gemacht haben, eine Überraschung, daß die Wissenschaftler es vorziehen zu schweigen, wenn sie mit den folgenden Lehrsätzen konfrontiert werden?

- »Es ist evident«, daß der Standort der Großen Pyramide nach geodätischen und geographischen Gesichtspunkten gewählt wurde. – Dem letzteren zumindest werden konventionelle Wissenschaftler zustimmen. Wenn Sie auf einer Seite des Flusses leben und es bei Ihnen Sitte ist, die Toten auf der anderen Seite zu beerdigen, ergibt es dann nicht einen geographischen Sinn, wenn Sie Ihren Friedhof direkt gegenüber der Stadt anlegen? Beweise für die mathematisch untermauerten Mysterien werden noch immer von Piazzi Smyth übernommen, dessen wissenschaftliches Renommee seit einem Jahrhundert verblaßt ist und das außerhalb seines eigenen Fachgebietes, der Astronomie, bestenfalls als fragwürdig gelten kann.
- Alter, Zweck, Baumeister und Bauweise der Pyramide sind sämtlich »in Geheimnis gehüllt«. – Das wird durch die Tatsache belegt, daß die Lieferanten dieser Theorien, ohne sich darum zu bemühen, die Erkenntnisse moderner Ägyptologen und ihre Begründung auch nur zu studieren, konventionelle Erklärungen schon aus Prinzip verwerfen. Sie halten es auch für eine Zumutung, daß man von ihnen Beweise verlangt, warum die Konventionelle Forschung dubios ist.
- An der Pyramide wurden Radiokarbonanalysen durchgeführt, die darauf schließen lassen, daß sie schon um 71 000 v. Chr. erbaut sein könnte. – Abgesehen davon, daß die Radiokarbontechnik auf so lange Zeiträume nicht anwendbar ist, ist es auch unmöglich, Analysen an unorganischen Stoffen, wie beispielsweise Stein, durchzuführen.

So lauten einige Thesen aus dem Buch *The Secret Power of Pyramids* (Die rätselhafte Pyramidenenergie) von Bill Schul und Ed Pettit, den einzigen Autoren ohne kommerzielles Interesse (außer den Tantiemen aus dem Verkauf ihres Buches).

Kann man uns angesichts so schwerwiegender Irrtümer den Verdacht verübeln, daß es auch in anderen Bereichen ihrer Forschung ähnliche Ungereimtheiten gibt? Greifen wir doch einmal aufs Geratewohl einige ihrer Beweise heraus und schauen uns an, ob und wie sie einer kritischen Betrachtung standhalten.

- Bei dem vierjährigen Kind eines Freundes des Autors wurde die Hand von einer zuschlagenden Tür gequetscht, ein häufiger, aber äußerst schmerzhafter Unfall. Statt das Kind zu einem Arzt zu bringen, nahm er einen Behälter mit Wasser, das in einer Pyramide aufbewahrt worden war, aus dem Kühlschrank und tauchte die Hand hinein. Der Schmerz wurde rasch erleichtert, und nach einer dreißigminütigen Behandlung waren am nächsten Morgen die Schwellung und die meisten Quetschstellen verschwunden. Das Gewebe zeigte bereits Anzeichen der Heilung.

Wenn der Vater den Arzt angerufen und um Rat gebeten hätte, würde ihm dieser sehr wahrscheinlich gesagt haben, er solle die Hand in kaltes Wasser legen, um den Schmerz zu lindern, auch die Schwellung werde dann zurückgehen. Bekanntlich ist die Anwendung von kaltem Wasser zur Schmerzlinderung bei Verletzungen ein bewährtes Hausmittel, das in den letzten Jahren auch bei Ärzten wieder in Mode gekommen ist. Der Fußballer, der eine Muskelzerrung hat, wird heute nicht mehr mit Wärmebestrahlung behandelt, sondern Arm oder Bein werden vom ärztlichen Betreuer sofort in Eis gepackt. Wenn der Vater jetzt *heißes* Pyramidenwasser benutzt hätte...

- Mrs. Pettit bekam Zahnschmerzen. Der Autor führt sie auf einen »Abszeß« zurück. Da sie keinen Zahnarzt erreichen konnte, setzte sie sich unter ein Pyramidenzelt und betete um Erleichterung. Innerhalb von zehn Minuten war der Schmerz verschwunden. Als ein Zahnarzt wenig später den Zahn untersuchte, fand er alles in Ordnung.

Niemand kann bestreiten, daß Mrs. Pettit an Zahnschmerzen litt. Das kann nur sie beurteilen. Aber wer stellte die Diagnose, daß sie von einem Abszeß herrührten? Offenbar kein Zahnarzt, und ein Abszeß ist keine äußerlich erkennbare Wunde.

Schmerz kann vielerlei Ursachen haben. Solche Fälle haben einen neurologischen Aspekt, der nicht genau bestimmbar ist. Die Ursache mag sehr wohl psychosomatischen Ursprungs sein, und das ideale Mittel, solche Beschwerden zu behandeln, wäre Suggestion... zum Beispiel in einer Pyramide zu sitzen, wenn man an Pyramidenzauber glaubt, und zu beten. Suggestion ist eine wesentliche Komponente bei der Glaubensheilung, die man nicht geringschätzig abtun sollte, denn psychosomatische Krankheiten können tödlich sein, und der »Wille zum Leben« hat schon oft als hoffnungslos diagnostizierte Fälle geheilt.

Um einen ähnlichen Fall handelte es sich bei Pettits interessanter Heilung von Prostatabeschwerden, an denen er nach seiner »Überzeugung« litt. Nachdem er eine Zeitlang in einer Pyramide geschlafen hatte, vergaß er seine Prostata-Probleme, und sechs Monate später wurde bei einer ärztlichen Untersuchung festgestellt, daß die Drüse gesund war. Aber wer diagnostizierte Pettits Problem als Prostatabeschwerden?

- Eine Frau, die seit elf Jahren eine Warze am Finger hatte, legte zweimal an einem Tag den Finger fünfzehn Minuten lang unter eine Pyramide. Am nächsten Morgen schon war die Warze verschwunden. Das ist durchaus glaubhaft. Es ist hinreichend bewiesen, daß Warzen durch hypnotische Suggestion nicht nur geheilt werden, sondern auch entstehen können.

Und so geht es weiter mit diesen Berichten – Heilung von »chronischen Rückenschmerzen«, »Steigerung des Energie-Potentials«, »Erleichterung bei Kopfschmerzen«. Es besteht kein Grund, an diesen Zeugnissen zu zweifeln. Bleibt nur die Frage, ob die Energieausstrahlung der Pyramide oder der Glaube an diese Energie die Heilung vollbrachte. Wenn man letzteres annimmt, sollte man trotzdem nicht die Nase rümpfen über die Menschen, die sich auf eine Heilung durch die Pyramide berufen. Sie haben kein Motiv zur Täuschung, und ihr Glaube hat ihnen offensichtlich geholfen. Hier dürfte die Laissez-faire-Maxime der sechziger Jahre angemessen sein: »Wenn es ihnen etwas bringt...«

Aber dann beginnt man doch, sich zu fragen: Was ist, wenn das vierjährige Kind Symptome von Leukämie zeigt? Wird sein Vater dann entscheiden, daß die Behandlung mit Pyramidenwasser die Konsultation eines Arztes überflüssig macht? Wahrscheinlich nicht, aber es sind viele ähnliche Fälle bekannt, in denen gerade das geschehen ist.

Ein kritischer Verstand vermeidet die Extreme absoluter Skepsis ebenso wie blinden Glaubens. Leider haben Verfechter extremer Ideen die Tendenz, Proselyten zu machen. Sie brauchen eine Anhängerschaft, die ihnen ständig die Richtigkeit ihrer Meinung bestätigt. Aber die Wahrheit läßt sich nicht durch Überzeugung ersetzen.

Der Proselytenmacher neigt dazu, sich in seinen Werturteilen einzig danach zu richten, ob andere seine Meinung bestätigen oder nicht. Das macht ihn unkritisch bei der Quellenbeurteilung. Er zögert nicht, sie ebenso unkritisch zu benutzen, um andere zu überzeugen. Und jede scheinbar fundierte Beweisführung kann so beeindruckend sein.

Muß nicht allein der Titel »Königlicher Astronom von Schottland« überzeugend wirken? Oder der Name des Psychoanalytikers Wilhelm Reich, eines Freud-Schülers und Begründers der Orgontheorie, der in *The Secret Power of Pyramids* mit folgenden Sätzen zitiert wird:

> Wenn wir die offenkundigen Zeugnisse für die frühere Existenz einer universalen Zivilisation akzeptieren, müssen wir davon ausgehen, daß die Katastrophe der Sintflut, die sie verschlang – eines dieser sich wiederholenden Ereignisse, die die

Strukturen der Kontinente plötzlich änderten –, auch die magnetischen Strömungen beeinflußte und ein neues Weltzentrum schuf. Wenn die frühere Kapitale zerstört, vielleicht versunken war, würden die Überlebenden der Katastrophe zunächst dieses neue Zentrum ausfindig gemacht und als ersten Schritt ein neues mächtiges Instrument geschaffen haben, um die Kontrolle über das Magnetfeld der Erde zurückzugewinnen. Und hier, im wirklichen Zentrum aller Kontinente der Welt, finden wir die Große Pyramide.

Damit stellt sich eine weitere Autorität mit dem Anschein unbezweifelbarer Glaubwürdigkeit an die Seite der Pyramidenmystiker. Aber wieviel Vertrauen können wir tatsächlich in Dr. Reichs Urteil setzen?

Sicherlich sollte man den Vorwurf seiner Anhänger ernst nehmen, Reich sei das Opfer taktischer Winkelzüge des Establishments gewesen, die den Methoden des sowjetischen Geheimdienstes sehr ähnlich waren. Aber ihre Quellen verdienten mehr Beachtung, wenn sie erwähnt hätten, daß Reich in der geschlossenen Abteilung einer Nervenklinik starb, wo er wegen Schizophrenie behandelt wurde. Der Leser mag sich selbst ein Urteil über seine Kompetenz bilden.

Nur verbitterten, galligen Menschen kann eine Kritik Freude bereiten, die romantische Illusionen in einer Welt zerstören will, die immer grausamer wird, und die Absicht dieses Buches sollte nicht als Angriff auf mystische Strömungen interpretiert werden – eine Geistesrichtung, die in Zeiten großer psychischer Belastung immer viele Anhänger findet. Die Frage, von der dieses Buch ausgeht, lautet vielmehr: Muß Mystik aus falscher Information entstehen? Hoffentlich nicht. Wenn der heutige Trend zur Mystik einen Wert haben soll, dann muß sie unserem Wissen eine neue Dimension hinzufügen.

Bibliographie

Agnew, H. C. *A letter from Alexandria on the evidence of the practical application of the quadrature of the circle, in the configuration of the Great Pyramid of Gizeh*, London, Longmans, Orme, Brown, Green and Longmans, 1838

Atkinson, R. J. C. *Stonehenge and Avebury*, London, Her Majesty's Stationery Office, 1959

Barnard, F. A. P. *The Imaginary Metrological System of the Great Pyramid of Gizeh*, New York, J. Wiley & Sons, 1884

Behrend, Genevieve A. *The Romance and Prophecies of the Great Pyramid*, Los Angeles, De Vorss & Co., 1934

Biblical Archaeologist Reader, The, New York, Quadrangle, 1961

Blavatsky H. P. *The Secret Doctrine*, Los Angeles, Theosophical Soc., 1930

Bowle, John (Ed.) *The Concise Encyclopedia of World History*, New York, Hawthorn, 1958

Bramwell, James *Lost Atlantis*, New York, Harper & Bros., 1938

Carter, Howard *The Tomb of Tut-ankh-amen*, London, Cassell & Co., 1923–33 (dt. Tut-ench-Amun, 3 Bde., 1924–34)

Cayce, Edgar Evans *Edgar Cayce on Atlantis*, New York, Hawthorn, 1068

Childe, Gordon The Preshistory of European Society, Baltimore, Penguin Books, 1958

Churchward, James *The Children of Mu*, New York, I. Washburn, 1931

Corbin, Bruce *The Great Pyramid: God's Witness in Stone*, Gutherie, Okla., Truth Pub. Co., 1935

Cottrell, Leonard *The Lost Pharaohs*, New York, Grosset & Dunlap, 1963

Ibid. *The Mountains of Pharaoh*, New York, Rinehart, 1956

Davidson, David & H. Aldersmith *The Great Pyramid: Its Divine Message*, London, Williams & Norgate, 1924
Davie, John G. *Pythagoras Takes the Second Step*, Griffin, Ga., Privately published, 1935
Day, Michael H. *Fossil Man*, New York, Grosset & Dunlap, 1970
De Camp, L. Sprague *Lost Continents*, New York, Gnome Press, 1954
Donnelly, Ignatius *Atlantis: The Antediluvian World*, New York, Harper & Row, 1949
Douglas, A. Lura *No*, Akron, O., The Sun Pub. Co., 1932
Dunan, Marcel (Ed.) *Larousse Encyclopedia of Ancient and Medieval History*, New York, Harper & Row, 1963
Edwards, L. E. S. *The Pyramids of Egypt*, New York, Pitman, 1961
Encyclopedia of World Art (vols. IV and XIII), New York, McGraw-Hill, 1967
Fakhry, Ahmed *The Pyramids*, Chicago, Univ. of Chicago Press, 1969
Flanagan, G. P. *The Pyramid and Its Relationship to Biocosmic Energy*, Glendale, Calif, privately published, 1972
Fletscher, Banister *A History of Architecture on the Comparative Model*, New York, Scribner's, 1963
Fossenden, Reginald A. *The Deluged Civilization of the Caucasus Isthmus*, Boston, Mass., Bible Soc, 1923
Georg, Eugen *The Adventure of Mankind*, New York, Dutton, 1931
Goneim, M. Z. *The Buried Pyramid*, London, Longmans Green, 1956
Greaves, John *Pyramidographia*, London, 1646
Haberman, Frederick *Armageddon Has Come*, St. Petersburg, Fla., The Kingdom Press, 1940
Ibid. *The Great Pyramid's Message to America*, St. Petersburg, Fla., The Kingdom Press, 1932

Hamlin, Talbot *Architecture through the Ages*, New York, G. P. Putnam's, 1953

Horizon Book of Lost Worlds, The, New York, American Heritage Pub. Co., 1962

Howard-Vyse, Richard W. H. *Operations Carried on at the Pyramids of Gizeh in 1837*, London, J. Fraser, 1840–42

Kingsland, William *Great Pyramid in Fact and in Theory*, London, Rider & Co., 1935

Larson, Kenneth *The Discovery of the Graphic Message of Goodhue*, Los Angeles, privately published, 1968

Le Plongeon, Augustus *Maya-Atlantis: Queen Moo and the Egyptian Sphinx*, Los Angeles, Steiner Lib., 1974

Lewis, H. Spencer *The Symbolic Prophecy of the Great Pyramid*, San Jose, Calif., Rosicrucian Lib., 1936

Luce, J. V. *Lost Atlantis*, New York, McGraw-Hill, 1969

Mendelssohn, Kurt *The Riddle of the Pyramids*, New York, Praeger, 1974

Moffett, R. K. *Going on a Dig*, New York, Hawthorn, 1975

Moorehead, Alan *The Blue Nile*, New York, Harper & Row, 1962

Norman, Eric *Gods, Demons and Space Chariots*, New York, Lancer Books, 1970

Ostrander, Susan and Lunn Schroeder *Psychic Discoveries Behind the Iron Curtain*, Engelwood Cliffs, N. J., Prentice-Hall, 1971

Peck, Anne M. *The Pageant of Middle American History*, New York, Longmans Green, 1947

Petrie, W. M. Flinders *The Pyramids and Temples of Gizeh*, New York, Scribner & Welford, 1883

Phelon, W. P. *Our Story of Atlantis*, Quakertown, Pa., The Philosophical Lib., 1937

Rutherford, Adam *Outline of Pyramidology*, Middlesex, Eng., Inst. of Pyramidology, 1958

Schmalz, John B. *Nuggets from King Solomon's Mines*, Boston,

The Barta Press, 1908
Schul, Bill and E. Pettit *The Secret Power of Pyramids*, Greenwich, Conn., Fawcett, 1975
Scott-Elliot, W. *The Story of Atlantis*, London, Theosophical Pub. Soc., 1909
Smith, Worth *The House of Glory*, New York, Wise & Co., 1939
Smyth, C. P. *Life and Work at the Great Pyramid*, Edinburgh, 1867
Ibid. *New Measures of the Great Pyramid*, London, R. Banks, 1884
Ibid. *Our Inheritance in the Great Pyramid*, A Strahan & Co., 1864
Steiner, Rudolf *The Submerged Continents of Atlantis and Lemuria*, London, Theosophical Pub. Soc., 1911
Tompkins, Peter *Secrets of the Great Pyramid*, New York, Harper & Row, 1971
Toth, Max and Greg Nielson *Pyramid Power*, New York, Freeway Press, 1974
Vandenberg, Philipp *The Curse of the Pharaohs*, Philadelphia, J. B. Lippincott, 1975 (dt. *Der Fluch der Pharaonen*, Scherz, 1974)
Von Däniken, Erich *Chariots of the Gods*, New York, G. P. Putnam's, 1970 (dt. *Aussaat und Kosmos*, Knaur Taschenbuch 1975)
Ibid. *Erinnerungen an die Zukunft*, Knaur Taschenbuch 1971
Wilson, Colin *The Occult*, New York, Random House, 1973

Register

Goldmann Verlag München

Volker Elis Pilgrim
Der selbstbefriedigte Mensch

Das Buch behandelt eines der letzten Geheimnisse, über das sich nicht einmal Ehe- und Liebespartner aussprechen. Die Selbstbefriedigung, in der Öffentlichkeit dargestellt, löst nicht selten Scham, Furcht und Wut aus. Sie wurde vorgestern als Krankheitsursache von ärgster Gefährlichkeit gebrandmarkt, gestern als sexuelle Verirrung denunziert, heute wird sie noch immer als Aushilfe-Sex belächelt und als Schimpfwort für Entwicklungshemmer oder -störung mißbraucht.

Sachbuch. (11177)

Gerhard Hellwig
Daten der deutschen Geschichte

Politik und Kultur im deutschen Sprachraum von der Vergangenheit bis zur Gegenwart!

Politischen Ereignissen aus allen Epochen der deutschen, österreichischen und schweizerischen Geschichte sind in dieser Datensammlung die philosophischen, technischen, wissenschaftlichen und wirtschaftlichen Leistungen des gleichen Zeitraumes gegenübergestellt.

So bekommt der Leser ein Bild der ganzen Geschichte, ein Datengerüst, das ihm in alle Aspekte einer historischen Epoche Einblick gewährt.

Sachbuch. (11156)